ゼロから始める自分史レシピ

新しい気づきへの旅

奥井健二

かもがわ出版

はじめに

裏を見せ表を見せて散る紅葉——良寛

シニア層で自分史が静かなブームになっています。社会の第一線を退いても、子育て、孫の世話が一段落しても、その先の人生はまだまだ続きます。これから先、どう過ごしていけばよいか？「終活」も気になる年代です。旅行、趣味、友人との語らい……そんな余生の過ごし方にぜひとも加えていただきたいのがこれから紹介する「自分史作り」です。

「意外と見えていなかった自分の足跡」、「何にも知らなかった両親、親戚のこと」。自分史を作ってみるとそんな発見があります。前ばかり見ていた現役時代と違い、落ち着き、余裕を持って振り返る世界はこれまでと違って見えることでしょう。

私は朝日新聞で新聞記者として37年間勤めました。前半が取材記者としてのライター、後半は整理部門でエディターをしました。さらに定年前後には校閲部門で新聞記事をチェックしてきました。

定年後、朝日新聞社の新事業「朝日自分史」のスタッフとなり、自分史を作りたいという方と二人三脚で本を作りあげてきました。８年間でしたが約30冊の本を制作し、多くの方から「作ってよかった」という感想を頂きました。「人生観が変わった」「新しい人生が開けた」という方もいました。

本の制作だけでなく顧客向けのプレゼンテーションも行いました。新聞社で経験したライター、エディター、校閲の経験がおおいに役立ったのです。

朝日自分史は２０２３（令和５）年３月に事業を終了しましたが、その後は個人として自分史作りの仕事に携わっています。自分史の普及活動をしている「一般社団法人　自分史活用推進協議会認定　自分史活用アドバイザー」としてPR活動もしています。社会教育の一環として講演や研修会で自分史の意義やノウハウを伝えているのです。老人ホームでは介護士の方々に「個人の歴史と介護の関わり」についての講演もし、認知症への効果などさまざまな観点から自分史の有用性を掘り下げてきました。

この本では、自分史の作り方の一例として「朝日自分史」時代に培ったノウハウや自分なりに工夫したやり方を紹介しています。

「自分史には関心があるけど、何がネタになり、どう書いたらいいかわからない」「作りたいけど、どこから手をつけたらいいのか」とおっしゃる方も多いと思います。今回はそういう文筆に不慣れな方に向けて詳しく、わかりやすく説明しました。資料作りや執筆では私自身の実例や実践を交えています。難しいことはありません。ただ、根気よく、丁寧に、しかし、正確さや細かさにこだわり過ぎない、程のよい加減が難しいところです。

本作りはそれなりの気力や体力が必要です。一方で自分史作りの方法は人生の中身や執筆の経験値などによって大きく変わります。得手不得手もあります。手に余るところは専門家のサポートを受ける方法があります。やり方、中身も千差万別の自分史ですが、ノウハウをうまく使えば近道を通ることができるのです。

自分史のモデルのような文章で多くの方の目に触れているものに日本経済新聞連載の「私の履歴書」があります。朝日新聞では「語る　人生の贈りもの」、読売新聞では「時代の証言者」という連載もあります。その他、多くの新聞も著名人の「半生記」欄を設けています。生い立ちから現在までを読みやすくまとめているので「自分史」を書く参考になると思います。しかし、いずれも登場人物が著名人で、新聞記者の手が入っているので、まねをするにはハードルが高いことも念頭に入れておいてください。

自分史作りは人生を振り返り、総括することにもなります。「終活」の生前整理もできます。

いずれ処分しなければならない若い頃の写真や手紙などの私信は自分史の「記憶喚起」になると同時に、要不要の選り分けをするよい機会になるでしょう。言わば人生の「棚卸し」です。新しい自分を生き直す再スタートラインに立たせてくれるものです。

２０２５（令和７）年は自分史という言葉が世に出て50年という節目です。人生１００年時代と言っても健康年齢は別物です。「思い立ったが吉日」。体力、気力が残っているうちにぜひ自分史作りに挑戦してみてください。

推薦の言葉

元朝日新聞社社長　渡辺雅隆

社会部の記者だった現役時代、市井の人々の話を聞き、ともに喜び、怒り、哀しみ、楽しむ「街ダネ」と呼ばれる記事が好きでした。著名人の話は興味深い。でも、ごく普通の人たちの普段着の暮らしの中に、魅力的な物語や貴重なひとことがたくさん埋もれています。取材でそんな「宝」に出会う喜びは格別です。一人ひとりの人生が色鮮やかに蘇り、輝きを増す瞬間があるのです。「自分史を書く」とは、自らがインタビュアーになって自分自身の人生を掘り起こし、思い出に色をつけていく作業なのかもしれません。

著者は記者、編集者、校閲記者を経験し、定年後に「自分史」の仕事に関わるようになりました。朝日新聞社は社員から新規事業の提案を募る「ＳＴＡＲＴ　ＵＰ!」を２０１３（平成25）年度から始めました。毎年１００件を超える応募があり、選ばれた事業のひとつが「朝日自分史」でした。新聞社は社員の半分が記者職です。当然、記者ＯＢも少なくない。ならば、その力も借りてと考え、力を入れてきました。評判は上々で、お客様から喜びの声もたくさんいただきました。残念ながら新規事業としては10年で幕を閉じましたが、この間に著者が培ったノウハウは、記者時代に叩き込まれた文章術とともに本著にしっかりと注ぎ込まれました。「映える」誌面づくりのコツや、読んでもらうための工夫も随所にちりばめられています。

自分史作りを「人生の棚卸し」と著者は言います。「自分の過去に向き合ってみると自分が求めていたものは何か、本当に好きなものは何か、得意なもの、強みは何かが見えてくる」とも。「書く」のは、ただ過去に思いを巡らせることではなく、これからをより豊かに生きるための作業だと気づかされます。人生を思い返し、さまざまな社会情勢と重ね合わせたとき、家族との思い出や友人たちとのかけがえのない会話、忘れられない経験がよみがえり、時代、時代の風景とともに色づきを増してきます。巻末にはその助けとなる「記憶掘り起こし質問」が約３００項目にわたって添えられています。「殴り書き」でいい。「資料集めや執筆は６割ほどで次へ」といった実践的なアドバイスは、気持ちを軽くしてくれます。

「自分史の元祖」と称される歴史家の色川大吉さんが『ある昭和史　自分史の試み』で「自分史」を提唱したのは１９７５（昭和50）年のことでした。民衆の個人史から歴史全体を浮かび上がらせたいと考えたようです。以来50年。本著を伴走者に、自分へのインタビューを始めてみませんか。

この本の読み方、使い方

　この本では執筆の準備作業として年表と家系図の作り方を説明しています。これは人生を俯瞰し、客観的に見るための大事な作業です。同時に、そこで見つかるテーマは少なくありません。手間と時間がかかりますが、ぜひともクリアしてください。作製に当たってはパソコンでエクセル（表計算ソフト）とワード（文書作成ソフト）を使うように提案しています。パソコンの使えない人や、手間を省きたい人は、準備作業を誰かに手伝ってもらうか、編集者などのサポーターに任せる方法もあります。

　書きたいテーマがはっきりしている方、あるいは自分なりに準備作業の年表や家系図を作っている方、すでに執筆している方などは第1部を抜かして第2部から読み始めていただいても結構です。また、文章を書き慣れておられる方は第3部の第5章を省かれても大丈夫です。第4部は自分史の底に流れる理念を理解してもらうために歴史と意義に触れました。執筆のノウハウに直接役に立つわけではないので読み飛ばされても支障はありません。

第5部では本作りの一般的な作業の流れと本の構造を説明しましたので、知っておけば役に立つでしょう。専門用語が多く、職人的な作業の説明です。

最近は自分史の自費出版を扱う会社も沢山あります。実際に本にする場合にはそうした会社に依頼するでしょうが、編集作業をどこまで丁寧にしてくれるかは結果を見ないとわかりません。第6部は、その編集力量を見極める参考になればという趣旨で筆をおこしました。

自分史は自叙伝のような「通史」もありますが「部分史」あるいは「ワンテーマ自分史」「詩歌集自分史」などさまざまな形態が考えられます。またそれらを合体してもOKです。手法もさまざまで「何でもあり」の世界です。自分のイメージしている自分史に合わせて拾い読みしていただいても構いません。

巻末に付録として自分史のための「記憶掘り起こし質問」を掲載しました。多項目にわたるきめ細かい質問ですが、答えを探していると蓋がとれたように思い出がよみがえってきます。一度試してみてください。

目次

第1部　準備――戸籍はタイムトンネル　31

ゼロから始める自分史レシピ

新しい気づきへの旅

プロローグ——人生を俯瞰

「定年退職した人が人生を振り返り、その足跡をまとめて自費出版する」というのが自分史のイメージでしょうか。ということは自分史を書こうとされる方はほぼ60歳以上ということです。半世紀以上にわたる人生を振り返り、一気に思い出そうというのはなかなか骨が折れます。そこでまずはざっくり全体の人生を辿り、それから取捨選択し肉付けしていくのが手っ取り早い方法です。多くの人が辿る基本的な道筋は大体決まっています。

モデル的に示すと次のようになります。いわば「人生通過事項」です。カッコ内はテーマになりそうな項目です。

①誕生（誕生時の状況、名付け、両親、兄弟姉妹、親戚、家庭環境）
②保育園　幼稚園（初めての外界、初めての集団社会）
③小学校時代（担任の先生、友達）
④中学校時代（早期思春期、ニキビの悩み、受験）
⑤高校時代（青春の願望、クラブ活動、初恋、性の悩み、異性との交際、青春の謳歌と迷走、葛藤）
⑥大学時代（学問との出会い、クラブ活動、人生の岐路、哲学、恋愛、人生とは？　さまよい、出会いと別れ、旅行）

⑦成人式（大人って何？　大人への反発や嫌悪、式典への反発）
⑧就職（選んだ道、適性の悩み）
⑨結婚（巡り合い、決心、家庭像、生活苦）
⑩働き盛り（仕事三昧、上司との折り合い、仕事と家庭の両立、海外出張）
⑪子どもの誕生（出産、お宮参り、入学、合格祈願、受験）
⑫子どもの結婚・出産（自分の若い時との比較、親心）
⑬祖父母の死去（思慕、懐かしさ）
⑭父親の死（親への想い、恩義と葛藤）
⑮母親の死（思い出、葛藤、同情と反発）
⑯家族（妻、夫）の死（配偶者への想い）
⑰初孫誕生（新たな生命、孫の世話）
⑱第二の人生（定年後の感慨）
⑲老境へ（生きる意味、終活）

多くの人が通る事柄を辿っただけですが、意外と沢山の出来事があることに気づきます。羅列して並べてみると、幼児期や、義務教育時代、高校・大学時代の年齢の出来事は多くの人が共通し、その後、就職して社会人になれば各人で多様に変わることがわかります。子どもや孫のない方もいらっしゃるでしょうし、身内との別れの時期などは各人で違います。大切なのは自分の人生の大まかな流れ、大枠をつかむことです。

ここで間違ってはいけないのですが、この人生の流れを自分史として全部書くわけではありません。それは自分についての詳細な通史になりますが、半世紀以上にわたる人生をまんべんなく書くのは大変な作業です。しかも長くなるだけで書く方も読む方もうんざりしてしまいます。

エピソード探し

俯瞰できたら、次はエピソード探しです。生きて来た道を振り返り、人生の方向を決めたこと、印象に残っていることを思い出してください。書くネタ探しです。先に辿った「人生通過事項」と重なる場合もあるでしょうが、その人個人のオリジナルな人生経験、出来事は大切です。よくも悪くも人生に影響を与えたものを探し出せれば大成功です。

学校、就職、結婚などは大きな影響を与えているでしょうから、それは勿論ですが、それ以外の素晴らしい親友との出会いでもよいし、寝食を忘れた趣味の自慢や楽しさでもよいし、あるいは借金の苦しみ、受験の失敗、小さなことから大きなことまで何でも結構です。思いつくものを少なくとも五つ見つけるのです。長く書く必要はありません。すると、それが人生の流れのどのあたりの出来事かぼんやり浮かんでくると思います。

この「人生通過事項」とエピソードのそれぞれの事柄について、いつ頃のことかがわかるならぜひメモしておいてください。実際はこの「いつ」ということを思いだすのが結構難儀なようです。日記に書き残していれば細かい年月がわかるでしょうが、それがない場合はぼんやりしてしまうでしょう。それはあとあと探っていくことにして、最初は羅列だけで結構です。すべてパソコンやノートに書いて保存してください。

カギ握る幼少期

人生の初めは幼少期です。自分史のカギを握る重要な時期です。しかし、おぼろげな記憶しかないのが実情です。知っている情報の多くは親や兄弟姉妹、あるいは親戚から聞いた話でしょう。それも断片的なものがほとんどで、まとまった文章に書くのは難しいものです。

そこで役立つのが戸籍です。戸籍は家族や親戚の関係やそれぞれの生年月日を客観的な事実として示しています。この客観的事実を背景にすれば断片的な情報の位置づけが見えてきます。そんな読み解きができると、両親の心の内、当時の家族環境、社会情勢なども浮かび上がってきます。知らなかったこと、見えなかったことが発見できるところです。その浮かび上がった過去が新たな記憶を呼び起こし、自分史のだいご味になっていくのです。

もう一つ、幼少期を書くための手法としては「記憶掘り起こし」というのがあります。「神は細部に宿る」というのか、思い出せない記憶も細かな質問をされると結構思い出せるものです。私はこの「記憶掘り起こし質問」を多項目にわたりきめ細かくまとめました。質問は答えによってさらに枝分かれしながら次の質問や答えが導きだされます。その記憶が幼少期を書くネタとして役立つことになります。

自分史の手順

人生が俯瞰できたところで、自分史作りの全体的な手順を示しておきます。

①戸籍から年表と家系図を作る
②記憶掘り起こし質問に回答
③戸籍の情報から試し書き

④写真選び
⑤執筆開始（思い出すまま、筆の向くまま）
⑥構成を考える
⑦目次作り、構成確定
⑧前文、後文執筆
⑨推敲

この手順はあくまでモデル化した一例です。実際には手順通りではなく前半で行ったり来たりや、後半では並行作業になったりし、少しずつ完成度を上げていくことになるでしょう。大きく分ければ①②③④までが準備作業、⑤⑥が執筆、⑦⑧⑨が本作り、ということになります。

このうち①は資料作りです。執筆の基礎になりますので、最初にこれを手掛けることが大事ですが、その後はご自身のやりやすい順番で構いません。途中で飽きたり、面倒になったりしますので、休憩しながらでOKです。それも完璧に仕上げず、6割ほど出来たと思ったら次に進んでください。進みながら後に戻って補足、そしてまた前に進むといった「前進と後退」を繰り返しながら進んでいくつもりでいてください。

この中で⑦は一般的には編集作業ということになります。文章を第三者の目で見るためにもこの作業は執筆者でなく編集者が別に手掛けるほうがよいと思います。ただ、執筆者も知識として知っておけば執筆に役立つので、概要だけお示ししておきます。

第1部 準備——戸籍はタイムトンネル

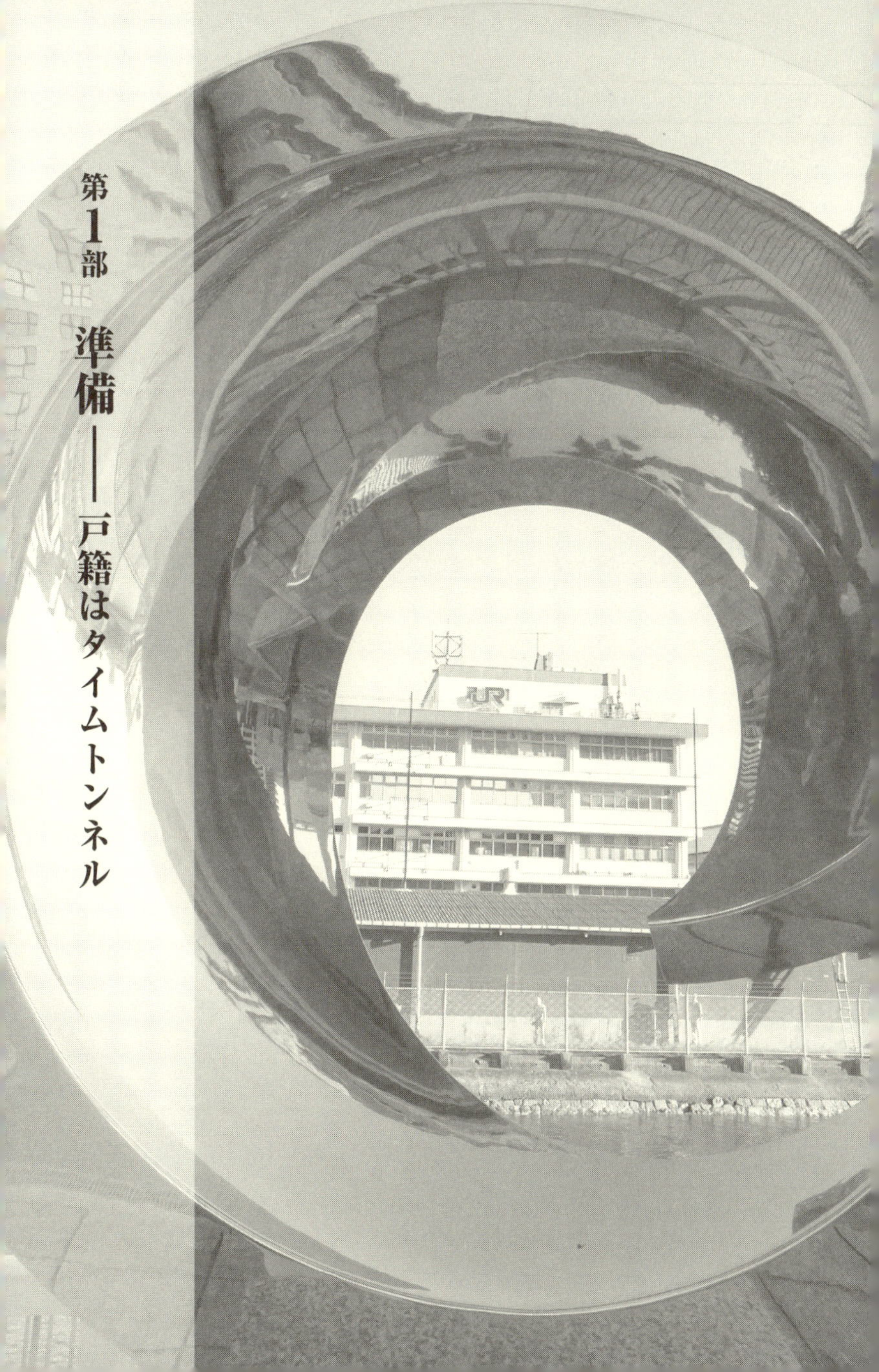

第1章　過去を結ぶ点と線

ざっくりした人生の流れを眺め、いくつかのエピソードが見つかったでしょうか。それはあくまで全体の枠組みをイメージした状態です。次は枠組みの中で確実な事実を点と線で結ぶ作業に入ります。

自分史は「思い出」つまり記憶に頼って書く部分が沢山あります。しかし、誕生時を含め、赤ん坊時代の記憶というのは、親や兄姉から聞いた話が中心になります。そこで、そうした話を事実として確認することが大切になります。その基礎資料が戸籍です。自分の戸籍をはじめ父母や祖父母の戸籍など多くの戸籍を見ることで過去の事実や人間関係がはっきりしてきます。断片的に聞いていた話の枠をはっきりさせることができるのです。生年月日、没年月日、婚姻届け日など各人の具体的な事実が明確にわかります。

ただ、結婚の日というのは通常「結婚式の日」を意識するので戸籍にある「婚姻届け日」とズレることもあります。概ね数日のズレで収まっているようですので自分史を書くにあたってはあまり支障ありません。それでも祖父母や父母の戸籍を見ると1年や2年のズレがある時もあります。「何か事情があったのだろうか」と思い巡らすと同時に、結婚というものの男女での意味合いの違いや向き合い方の違い、その時代の意識など、さまざまな想像を呼び起こします。

まずは基本情報

パスポートの取得や、不動産登記をするときなどに提出を求められ市役所や役場で戸籍の写しを発行してもらった経験があると思います。でも、その内容について詳しくご覧になった方はまれでしょう。

戸籍は日本における身分登録制度の形態で、日本国民の身分を公に証明するものです。簡単にいうと、一人一人の生まれた経緯から死ぬまでを記録・管理し登録してある帳面です。1872（明治5）年に近代的な戸籍制度の原型ができ、現在に至るまで1886（明治19）年、1898（明治31）年、1915（大正4）年、1948（昭和23）年、1994（平成6）年に戸籍法の大幅改正が行われ、様式が変わってきました。

この中の1994年の法改正では戸籍のコンピューター化に伴う作り直し（改製）が行わ

れ、様式もＢ４判の縦書きからＡ４判の横書きに変更されました。すでに全市町村でコンピューター化が完了しましたので、現在の戸籍は全てこの様式になっています。

日本人だけを対象にしますので、日本に在住していても外国人に戸籍はありません。外国人と結婚された方でもその旨を記されるだけで、外国人の方が日本の戸籍に入ることはありません。

犯罪歴、破産といったものはもちろん記載されていません。


戦前の旧民法では家族が家単位でしたから、戸籍に戸主や前戸主、祖父母、兄弟姉妹、甥姪など多くの家族が入っていました。戦後は民法の改正で、戸籍は夫婦とその子どもという２世代で構成することに決められました。

そのため、子どもが結婚すると、新しく夫婦の戸籍を作ります。その際に改めて本籍をどこにするか決め、子どもが生まれれば、その子どもの欄が作られ、親との続柄、生年月日などが記載されます。

本籍の場所は住所地に関係なくどこにしてもかまいません。多くの方は結婚された時の住所地を本籍にされるようですが、東京都千代田区千代田１‐１という皇居の住所にすることも可能です。もしここを本籍とするなら戸籍は千代田区役所で作られ保管されることになります。戸籍はこのように本籍地の市、区役所や町村役場で作製、保管されるのです。

日本人であれば出生届によって誰でも最初は親の戸籍に入ります。

自分の本籍はどこかご存じでしょうか。もし、本籍がわからない方は本籍を記載した住民票を請求すればそこに書いてあります。

戸籍法第13条には戸籍の記載事項として次のように記しています。

①氏名

②氏名の振り仮名（２０２５〈令和７〉年5月から改正法施行）

③出生の年月日

④戸籍に入った原因及び年月日

⑤実父母の氏名及び実父母との続柄

⑥養子であるときは、養親の氏名及び養親との続柄

⑦夫婦については、夫又は妻である旨

⑧他の戸籍から入った者については、その戸籍の表示

⑨その他法務省令で定める事項

また第14条には氏名の記載順序について「氏を称する者」として夫か妻を第一とし、第二は配偶者、第三は子とし、子どもは出生順に並べることにしています。

このように戸籍には、出生、親子関係、養子関係、婚姻、離婚、死亡など個人の身分を証明する情報が沢山入っており、自分史作りの基本的資料として大きな価値を持つのです。

ご自分の戸籍をお持ちなら一度じっくりご覧になってください。戸籍に記録されている事項としてご自身の生年月日、出生地、父母の氏名、続柄などご自身の身分事項が記載されているでしょう。その中にある「従前戸籍」という項目にも注目してください。ここに書いてある住所、氏名は以前自分が所属していた本籍地と戸籍筆頭者の名前なのです。この従前戸籍を順々に集めていくことで自分の先祖を辿っていくことが可能です。戸籍を辿っていくと旧民法時代の大家族の戸籍に突き当たることもあるでしょう。戸主や家督相続など古い時代の言葉が載った中に父母や祖父母の名前を見れば、それだけで時代の雰囲気が分かるというものです。

3種類の戸籍

ここで戸籍について少し細かい説明をします。一口に戸籍といいますが、詳しくいうと「現在戸籍」（現在も継続している戸籍）と「除籍」（構成員が全員抹消された過去の戸籍）、さらに改製原戸籍（法律改正によって様式が変更される前の戸籍）という3種類に分かれます。わかりやすくいえば「生きている状態」の現在戸籍と、「化石となった」除籍、改製原戸籍があるのです。役所では戸籍簿、除籍簿、改製原戸籍簿と区分して綴られています。

この中の「現在戸籍」には生きている人が構成員として存在しており、今後、子どもが生まれたり、自身が死亡したりして追加や抹消が行われる戸籍です。これに対し、除籍は構成員全員が死亡などで抹消された痕跡だけが残っている戸籍で、様式変更されただけの改製原戸籍は、変化が起きない戸籍なのです。

またそれぞれの戸籍には附票（住所記録）が付随しています。

改製原戸籍とは

改製原戸籍という耳慣れない言葉が出てきました。戸籍は戸籍法の改正があるたびに新しく作り直される（改製）のですが、形が変わっても基本的には改製前の記載事項をそっくり移します（移記）ので身分の変遷事項はそのまま引き継がれます。しかし、改製する時点で在籍する者以外は移記されません。もし、改製前に生まれた子どもが幼くして亡くなった場合、前の戸籍で除籍されてしまい、新戸籍に引き継がれません。死亡だけでなく子どもが結婚して別の戸籍を作製した場合も同じです。

自分史で知りたいのは戸籍に載っているすべての人物の情報ですから戸籍謄本の請求になります。それも過去に亡くなられた方の情報ですから「除籍謄本」「改製原戸籍謄本」を請求するケースが多くなります。自分のルーツに関わる親族を確認していくには除籍と改製原戸籍の存在に注意して請求しないと「漏れ」が起きる可能性があります。郵送や他市町村から請求する場合は特に注意が必要です。

除籍謄本が有用

ここで除籍という言葉が出てきましたが、この言葉には二つの意味があるので注意が必要です。

一つ目は戸籍に記載されている子どもなどの構成員が死亡や結婚によって除かれることです。もう一つはそうした除籍によって戸籍の構成員が全員抹消された状態の戸籍のことです。そうなった戸籍は戸籍簿から除籍簿に移されます。この全員除籍された戸籍のことを「除籍」

という言い方をします。そして除籍された全構成員が痕跡として載っている書類の写しを「除籍謄本」といいます。

自分史を作る一番のだいご味は、自分のルーツを探り、どんな家庭環境で育ち、どんなことをしてきたかという自画像を描くことではないでしょうか。まさにゴーギャンの代表作「我々はどこから来たのか　我々は何者か　我々はどこへ行くのか」というテーマに触れる事でしょう。

そうしたことを探るには戸籍が有用です。特に祖父母の戸籍がわかれば父母の兄弟姉妹がわかるので自分を取り巻く親族が一挙にわかり便利です。また、父母の戸籍では自分の兄弟姉妹の生年月日や婚姻、死亡年月日がわかります。

自分史を書かれる方はある程度の年齢を重ねた方が多いでしょうから、父母は明治、大正、昭和初期生まれの方でしょう。そうするとすでに亡くなっているケースが大半ではないでしょうか。また、その子ども（おじ・おば）も亡くなったり、結婚したりしているのでほとんどが除籍されているでしょう。ですから親の情報取集には、この除籍謄本を請求することになるのです。

私には父母と兄、姉がいました。しかし、父母はすでに亡くなり、兄、姉とも結婚して別の所帯をもっていました。

請求するのは亡父の戸籍になります。しかし、この場合は戸籍謄本の請求ではなく家族全員が除籍された戸籍の請求（除籍謄本の請求）ということになります。父、母が死去し、兄、姉、私が結婚したため父の戸籍から全員が除籍されているからです。

私が請求した亡父の戸籍は1枚目に「除籍」というハンコが押されていました。こちらはコンピューター化前ですから縦書きです。大きく分けて上下二つの枠に分かれ、上の枠に出来事、下の枠に氏名と個人情報が掲載されています。

戦死を発見

戸籍は家庭によって千差万別です。辿っていくと意外な事実や知らなかった人名が出てくるなど思わぬ情報に触れることもあります。

私の場合は父方の戸籍を辿っていくと伯父が１９４５（昭和20）年5月、フィリピンのルソン島で戦死したことが判明しました。数えの43歳。死亡時刻は不明という記述でした。兵力不足を補うため徴兵年齢が引き上げられ、伯父も戦場に赴かされたことが想像できました。よそ事だった戦争がわが身に迫った瞬間です。

また、母方の戸籍を辿ろうとして東京・千代田区役所で祖父の除籍謄本を請求した時は「昭和20年5月26日の戦災により焼失し交付できません」という回答を受けました。この日は計10万人が亡くなったという東京大空襲に当たる日の一日です。遠い戦争の傷跡がこんなところにも残っているのか、と思いを馳せました。

住まい歴は附票で

戸籍謄本より馴染み深く身近に利用されているものに「住民票の写し」があります。住民基本台帳法にのっとって市町村が作成し、住民の居住関係を記録するものです。これに対し戸籍は身分変動を記録するため住所は記載されていません。しかし、戸籍に付随している附票には住所歴が記載されています。転居先の市町村で住民登録をすると本籍地の市町村に送付され、附票に新しい住所が書き加えられるからです。

自分の住まい歴を調べるには附票が便利ですので、転勤などで引っ越しが多かった方などは戸籍と同じように請求して活用してください。

私の戸籍の附票には長女が一時住んだ福岡市や長男が学生時代に過ごした徳島市の住所など現戸籍が作成された時以降の住所が載っているので子どもの住まい歴が把握できました。

しかし、戸籍は１９９５（平成７）年に改製されたので、それ以前の住所は不記載でした。そこで改製原附票を請求すると改製以前の１９７５（昭和50）年以降の７カ所の住所が分かりました。番地まで記載されているので現場に行けるほど細かい足取りがつかめました。

請求できる範囲

戸籍には個人情報が沢山載っていますから、他人の戸籍はもちろん、親族の戸籍であっても請求できる範囲が限られています。

親族で交付が受けられるのは戸籍に記載されている者、その配偶者、直系尊属、直系卑属です。「尊属」というのは親等上父母と同列以上の血族、「卑属」は親等上子と同列以下の血族のことです。「直系」とは親子関係で続いている系統のこと。「傍系」とは血はつながっていますが、親子関係で結ばれない関係です。兄弟姉妹、いとこの関係がこれにあたります。

戸籍を請求する際は、請求する自分が、戸籍に記載された本人、その配偶者、あるいは直系親族であることを証明するために自分の戸籍謄本が必要なケースが出てきます。そのためにも自分の戸籍謄本を取得しておくことは大切です。

請求する場合は役所に保管されている戸籍簿、あるいは除籍簿からの写しになります。以前は謄本と抄本という言い方をしていましたが、コンピューター管理に移り平成6年の改製分から「全部事項証明書」「一部事項証明書」という言い方に変わりました。

自分史では両親の親戚の存在やその個人情報を調べたいわけですから請求する写しは「謄本」つまり「全部事項証明書」になるでしょう。親戚関係で縁が深いのは両親の兄弟姉妹、つまりおじ・おばの情報でしょう。このレベルの親族を確認するには父方の祖父、母方の祖父の戸籍を見るのが一番です。そこには父と母それぞれの兄弟姉妹が記載されていますから生年月日や婚姻時期などがわかるでしょう。ただし、その兄弟姉妹は結婚によって除籍されてしまいますから、いとこのことは記載されていません。

窓口請求がベター

自分史作りで戸籍というのは第一級の資料です。しかし、なかなか馴染みにくいのも事実です。また、古い戸籍は癖のある字で読み取るのが難しいケースがあります。一項目ずつ文字を確認し、読み解いていくのはなかなか骨が折れます。

また保存期間もあり、すでに廃棄されている場合もあります。これらの除籍や改製原戸籍は2010（平成22）年に保存期間が150年になりましたが、以前は80年でした。ですから古い除籍原本は廃棄されていることもあります。しかし、役所によっては残しているところもあり、対応状況にはばらつきがあります。運がよければ謄本が手に入るでしょう。

2024（令和6）年3月から戸籍法の改正により本籍地以外の市町村の窓口でも請求できることになりました。便利にはなりましたが、附票は請求できないなど一定の限界もあります。

戸籍謄本は郵送でも請求できますが、郵便為替で手数料を同封する煩雑さがあります。除籍謄本や改製原戸籍などで遡って調べたい場合は役所に出向き、窓口で相談するほうが、いろいろアドバイスを受けられ助かることが多いと思います。

軍隊の経歴を探すには

父や祖父の足跡を書きたい時、大きな壁になるのは軍隊経験です。中国大陸での経験や南方戦線での経験を断片的に話されることがあったかもしれませんが、多くの方は家族にもそのことを語り残されていません。ですから、いったい、いつからいつまでどこの部隊に所属していたのか、どこで終戦を迎えたのか、そうした足取りはほとんどわからないと思います。

そうした時に手がかりになるのは「軍歴証明」です。といっても戸籍のように定型的な文書があるわけではありません。さまざまな形で軍隊に関わった記録・資料の総称です。代表的なものに「兵籍簿」「戦時名簿」があります。

もともとは軍が保管していた資料ですが、現在は都道府県や厚生労働省が保管しています。しかし、全ての資料が現存するわけではありません。事故等による消失以外でも戦況悪化による混乱で部隊からの報告がなかったり、終戦時の焼却命令で灰になったりしたケースもあります。このためデータが断片的になっている場合もあります。

基本的には陸軍は１９４５（昭和20）年時の本籍地の都道府県、海軍は厚生労働省が保管しています。個人情報ですので一定の親族以外は写しの請求ができませんが、担当部署（援護・福祉関係）に電話すれば請求の仕方を教えてもらえます。

こうした軍歴で所属部隊がわかれば、その部隊の記録を探すことで祖父や父親の軍隊経験を追いかけることができます。それには防衛省の防衛研究所が戦史資料の管理と公開をしており、一般の人でも利用が可能です。軍歴の記録があれば資料探しの相談にものってもらえます。有料ですがコピーサービスもあり、後日送付もしてくれます。

といっても、こうした調査は要領がわからないと手がつけにくいと思います。専門家や経験者のサポートがないとハードルは高いでしょう。

第2章　人生の縦糸は年表

戸籍謄本が手に入ったら、その情報を基礎に年表と家系図を作ります。いわば人生の縦糸と横糸です。

まず「年表作り」にかかります。

多くの人は自分だけの個人年表、それも要所だけを羅列した経歴表をイメージしますが、それでは過去を立体的につかめないのでほとんど役に立ちません。人の営みは自分と周囲の人々、とりわけ家族との交わりを通じて行われるのでその人達を含めた年表を作らねばならないのです。1人の1年間を1マスにします。

最初に考えておくのは子ども時代の同居家族数です。同居家族を一人ずつ年表にしますので、この家族数が年表の幅を規定します。独身時代と結婚してからでは当然家族構成が変わるので、人物配置に工夫が必要です。

年表の起算年次をどこにするかも各人それぞれです。子ども時代の同居が親子だけなら親の生まれた年から始めればよいですが、祖父母が同居していたらその誕生年が起算年次になります。ここから1年刻みで最新年までを作ります。A3判の用紙を使うのが便利だと思います。年月が長くなって表が見にくくなる場合は父の誕生年からにして祖父母は途中からにしてもよいでしょう。年表に書き込む項目が増えると用紙がどんどん長くなります。また登場人物が増え、幅が広がる時は用紙を横長に使う方が見やすくなります。

次に独身、結婚時代それぞれの家族の生年月日、学校歴（入学、学年、卒業）、職歴（入社、転職、定年など）を記入していきます。さらに結婚、子どもの誕生など家族全員の客観的な事実を一人ずつ記入するのです。亡くなった方は没年月日も記入します。

社会との関連も重要になります。両親が生きた時代の社会情勢も大切です。団塊の世代の両親は太平洋戦争の時代を生き抜いた方でしょう。両親、祖父母が何歳の時にどのような社会情勢で生きてきたか、どんな生活を営んできたか、そんなことに思いを巡らせるためにも歴史的な出来事を記入します。

エクセルで作製

では実際に年表作りに入ります。

エクセルの初期画面ではセル（一つ一つのマス目）の大きさは横が21～22ミリ、縦が6～7ミリの大きさです。A３判の用紙を縦長に使うと横に13列、58行の表ができます。横長に使うと横に20列、縦に39行のセルが入ります。

縦長でも横長でも、中央部分に西暦と和暦の1年ごとの年次の流れ（柱）を作り、その右に歴史的事項の列を作ります。結婚前の本人と家族（両親、兄弟姉妹）各人は年次の左側、結婚後の家族（配偶者、子ども）は歴史的事項の右に配置します。列の幅や行の上下の長さは入れる文字数によって柔軟に変化させてください。歴史的事項は結構多くの文字が必要ですから小さな文字にして入力し、最低2列が必要でしょう。

シンプルモデルの場合

見やすいように最もシンプルな例として縦長のA３判を使った図1～6（60～71ページ）をモデルにして説明します。子どもの時は父母と姉の４人家族でしたが、結婚して配偶者、子ども2人の４人家族で暮らしている人が自分史を書く場合の例です。紙幅の関係で最もシンプルな縦長の形にしていますが、家族数によっては横長に使ったほうが便利な場合もありますので、ご自分の状況に合わせてください。

①本人＝1949（昭和24）年3月1日生まれ
②父＝1912（大正元）年11月1日生まれ、1967（昭和42）年8月10日死去（結婚は1940〈昭和15〉年5月10日）
③母＝1917（大正6）年2月1日生まれ、1986（昭和61）年9月10日死去
④姉＝1945（昭和20）年4月2日生まれ、2019（令和元）年10月1日死去
⑤1951（昭和26）年2月22日生まれの配偶者とは1976（昭和51）年4月8日に結婚、長男が1979（昭和54）年6月1日に誕生、長女が1981（昭和56）年7月1日誕生。
⑥長男は2009（平成21）年4月10日結婚、翌2010（同22）年10月1日に第1子誕生、長女は2012（同24）年10月8日に結婚、第1子が2014（同26）年5月1日に誕生、

という想定です。

年表全体の期間は父の誕生年から始まり最新年（2025〈令和7〉年）までの114年間になります。登場人物は本人と父、母、姉、配偶者、長男、長女の7人です。

中央に年次と年ごとの歴史的な出来事を並べ、年次の左側に本人と父、母、姉の年表を設

置しています。

表の上から見るとまず父親の誕生した年に誕生日を記入、続いて死去した年に没年月日を記入します。この誕生年から死去した年までが父親の人生の長さです。私は「人生帯」と名付けています。そして帯の横に小さな列を作り年齢を記します。生まれた年は0歳、そこから1年ごとに数字が増えて最後が没年齢です。エクセルの場合、下にオートフィルすれば連番数字が入力できます。その年の誕生日が来ればその年齢になるということです。

母、姉、本人の欄にも同じように人生帯を作り記入します。

学校歴は年表の基礎

年表では学校歴も重要です。なぜなら小中学校は義務教育で、日本の教育は六三三四制ですから、特別な事情がない限り、小学校の入学年次がわかればあとの入学年は自動的に出てきます。小学校から中、高校、大学とほぼ16年間の時代がはっきりつかめるからです。

その小学校の入学年次の確認は学齢が法律で決まっているので難しくありません。基準日の4月1日時点で6歳に達している人は全員小学校に入学することになっているからです。

大抵の方は自分の学校歴は覚えていることでしょうが、小学校入学年次はあやふやな方が結構います。記憶違いが意外と多いです。私自身も記憶では１９５５（昭和30）年入学だと思っていたら、実際は1年早く54（同29）年に入学していました。48（同23）年3月生まれなので54（同29）年4月1日時点では満6歳になっていました。47（同22）年4月2日以降に生まれた子どもも54（同29）年4月1日時点では満6歳ですから同じ学年です。私を含め54（同29）年入学児のうち、48（同23）年生まれはいわゆる「早生まれ」、「早行き」というわけです。この学齢は戦前も同じで満年齢で扱っていました。

便利な範囲指定印刷

エクセルで作る年表に学校歴を記入します。シンプルモデルの家族の場合、父は7歳になる年に小学校に入学しています。父は戦前の学校制度の下でしたからフルに学校教育を受けたとしたら小学校が6年間、旧制中学が5年間、旧制高校、大学が各3年間続くことになります。そして１９４０（昭和15）年の欄に結婚した月日を記入しておきます。

父の次は母、姉の欄にも同じように記入してください。母は早生まれ（早行き）ですので6歳の時に小学校入学となります。姉からは新制度の学校教育です。4月2日生まれの姉は

7歳の欄で小学校入学という記載になっています。

次は本人の欄です。

本人の結婚後は配偶者と子どもが登場してきます。誕生日や学校歴の記入の仕方は同じですが、いずれも年次の右側に表を作っていることがポイントです。エクセルは範囲指定して印刷できるので、こうした配置にしておくと子ども時代と結婚後の年表を別々に印刷でき、表が読みやすくなるのです。全員の記入が終わるととりあえず一段落です。本書ではモノクロになっていますが、各人の人生帯を色で区別すれば見やすくなるでしょう。

ここでは孫の人生帯は設けていません。孫の成長加減が自分の人生に影響することは稀でしょうから子どもの家族構成さえわかればよいという判断です。もちろん孫を引き取って育てたというような経過があれば孫の人生帯も必要になるでしょう。

卒業アルバムを味方に

学校歴を確認するには卒業アルバムが役立ちます。ご自身で保存していればよいのですが、ない場合は同窓生に借りるか、母校へ行って見せてもらう方法があります。最近は個人情報の管理が厳しいので誰でも見せてくれるわけではありませんが、卒業生自身なら大抵見せてもらえるでしょう。

アルバムには卒業年度が書かれているので、そこから遡ればよいわけです。母校で保存されている卒業名簿やアルバムで確認できますし、卒業証明書を発行してもらえば、よりはっきりさせることもできます。

義務教育の期間は留年ということはめったにないでしょうが、まれに長期欠席で留年される方もいます。そうした場合はご自身で修正をかけておいてください。

高校時代以降は記憶もかなり鮮明になってくるでしょうから、大学浪人したならその期間、長期療養で留年したというならその期間を考慮にいれ修正しておいてください。そうしたことを考えると小中学校、高校の卒業アルバムはとても大切な資料になります。

問題は家族の学校歴です。兄弟姉妹は大体わかるでしょうが、両親はどうでしょう。これは具体的な学校名が分かり、その学校が今も存続していれば問いあわせて卒業アルバムを見せてもらう手があります。両親の場合も6歳になれば小学校に入っているはずですから、そこから年齢を追っていけば小、中学校の卒業年次がわかるでしょう。

戦後に学制改革が行われ、戦前の中学校や女学校が新制高校になり、修業年限も変わりましたから、ややこしい点もあります。個別に調べるか、わからなければ概ねの学校時代とととらえておけばよいでしょう。戦後生まれの人の自分史なら両親の学齢時代のことに触れることはほとんどなく、執筆にはそれほど影響しないと思います。

本人の学校を卒業してからの経緯はご自身の記憶である程度わかるでしょうが、サラリーマンなら会社の人事担当に人事記録を照会すれば異動の年月日、勤務部署などが正確にわかるでしょう。

自分の年表は詳しく

年表の中心は勿論本人です。自分のことは学校歴や職歴だけでなく沢山の思い出や出来事も記入します。ですからエクセルの年表作りの際には2〜3列を確保していく必要があるかもしれません。病気していた時期、恋愛していた時期、趣味に没頭していた時期、そんなこともメモ的に記入していきます。自分が生まれてから現在まで思い出した1年ごとの出来事を出来るだけ多く刻んでいくのです。

もし、台風や地震などで被害に遭った経験があれば、その時の自分だけでなく両親、兄弟姉妹の状況も視野に入れることができ記憶喚起ができるのです。また客観的事実として歴史的事項を年表に書くことで自分の記憶の時期を探るのに役立ってきます。

記入することが沢山あってセルが足りなくなる場合は思い切って家族を省いた自分だけが

登場する年表をもう一つ作る方法があります。

年次の歴史的事項の欄はそのまま使用し、本人の年齢以外のすべての列に自分に関する事項を記入していくのです。結婚後などの青壮年期に社会的活動や公的な仕事の多い方、あるいは転勤などで住居が変遷した方はそうした列を増やした年表があれば重宝するでしょう。

社会情勢を探る

誰でも一人では生きていません。社会情勢と重ね合わせてみないと自分の歴史は見えません。家族の年表の基本的な事項が埋まったら、今度は歴史的事項の項目を記入しましょう。そのためには市販の歴史年表が必需になります。昭和以降、あるいは戦後の年表は現在でも書店でよく見かけます。自分の学生時代に使った年表でも古い時代の出来事はわかると思います。本格的に調べる場合は、明治からなら「近代日本総合年表」（岩波書店）、昭和以降なら小学館の「増補完全版　昭和・平成現代史年表」が詳しくて便利です。

戦争や不況など自分の家族に影響があったと思われる項目をピックアップして記入していくと自分史と社会情勢がつながってきます。

自分が生きてきた時代なら石油ショック、阪神淡路大震災、東日本大震災、バブル経済からその後の就職氷河期など、ある程度の時代の雰囲気がわかるでしょう。
父母の時代はわかりにくいのですが、歴史的事実を重ねると当時の時代の匂いを感じとれるでしょう。その時役に立つのは「近現代史は14～16年の周期で動く」というノンフィクション作家保阪正康さんの「仮説」です。「正確に14～16年くらいというわけではないが」と断りながら具体的にはこんな分析をしています。

１８７１～85年　近代化をめぐる14年
85～１９００、01年ごろ　富国強兵の15～16年
00、01年ごろ～15年ごろ　帝国主義間の力関係の中に日本が組み込まれる14～15年
15～31年　第１次世界大戦と国際協調の16年
31～45年　満州事変から戦争への14年
45～60年　戦後復興の15年
60～74年　高度経済成長の14年

シンプルモデルに登場する家族を例に話を進めると、父母の誕生前後の出来事を知るだけでも時代の雰囲気がつかめます。

父は1912（大正元）年11月生まれですが、改元前の同じ年に中国で孫文が臨時大総統になり、清朝が滅亡します。また、生まれる4カ月前に明治天皇が亡くなっていたことがわかります。そして2年後には第1次世界大戦が勃発しています。20歳の頃が32（昭和7）年ですから満州国建国、五・一五事件と戦争へ突き進んだ青春時代であったことがわかります。

母は1917（大正6）年2月生まれです。この年にはロシア革命が起き、翌年にはシベリア出兵が始まっています。さらに高等女学校5年の時には日本の国連脱退があり、39（昭和14）年、22歳の時に第2次世界大戦が起きています。母も戦時が深まる空気を吸っていたことがわかります。自分史と社会の歴史がつながってくるのです。

この保阪さんの「仮説」を念頭に置いて年表を見ると時代の空気や雰囲気がわかって両親の生きた背景がよりわかりやすくなります。

親との対比や心の対話

年表は自分の人生と父母を重ねるのにも役立ちます。

両親の結婚は父が28歳になる年で母が23歳の時。本人は父と同じ年齢で結婚し、父親になったのは2歳若い。子どもの頃には随分年配に見えていた父が自分と同じ年代になり、親しみが湧くのではありませんか？　また4年間子どもができなかったのは戦争などの事情があったのか、何か別の事情や考えがあったのだろうかと思い巡らすこともできます。子どもの時に親から聞かされた教えや口癖と一脈通じるようなことを想像できるかもしれません。

また、晩年に目を移すと、父は子どもの結婚に立ち会えず、孫の顔も見ないまま死んでいったことがわかります。そんな父はどんな思いで死んでいったか、自分にはどんな思いを託していたのだろうか等々を考え巡らすでしょう。今後の自分の生き方の参考になるかもしれません。

年表を作ると、親の若かりし頃が浮き彫りになり、うかがいしれなかった親の生きる姿が見えてきます。心の対話もできるのではないでしょうか。

父だけでなく母、姉のことも若かりし頃の時代が客観的に見えてくるのでそれぞれの人生をしっかり受け止めることができるでしょう。

それ以外にも思い出深い出来事があった時の家族の年齢や身分（学生か社会人か）など軸になる時期が年表ではっきりします。自分史のネタの記憶喚起や時期の確認などに役立つわけです。一つ一つの時代の出来事が前後関係を踏まえながらとらえられ、当時が実感できてくるのです。

年表が自分史制作の肝になるというのはこうした理由です。

年表は家族構成によって長さも幅も変わってきます。祖父母のことも沢山書きたいなら、祖父母の誕生年から始まり、その分だけ登場人物が増え幅が広がり、長さも増えます。また孫のことも書きたいなら同じように結婚後の年表の幅や長さが増えます。

大切なのは自分の人生で関わりが大きい親族を考え年表作りをしていくことです。登場人物の人数によっては年表が数枚に上ることもあり得ます。使い勝手ときめ細かさの加減はなかなか難しいでしょう。

年表作りは手間暇がかかる作業です。どこまで詳しく、正確に書けばよいのか、悩むところです。手間を取られていると、本筋の執筆に入れませんので程々にすることも必要です。自分以外の両親、祖父母は生年月日と没年月日、兄弟姉妹はそれに加えて学校歴を入れれば最低限の情報になるでしょう。

戸籍を自分で揃え、年表はサポーターに作ってもらうのも一つのやり方です。その方が多分早く仕上がるでしょう。

図1

和暦	歴史事案	歴史事案	配偶者	齢	長男	齢	長女	齢
大正1	7/30 明治天皇崩御	1/1 孫文臨時大総統 2/12 清朝滅亡						
2	東北北海道大凶作	10/6 中華民国承認						
3	7/28 第1次大戦勃発	5/1 袁世凱大総統に						
4	大戦景気	1/18 21か条要求						
5	8/2 函館で大火	11/3 裕仁立太子礼						
6	9/12 金本位制停止	11/7 ロシア革命						
7	8/2 シベリア出兵	8/3 富山で米騒動						
8	朝鮮3・1運動	6/28 ベルサイユ体制						
9	1/10 国際連盟発足	6/14 夕張炭鉱爆発死者209人						
10	11/25 裕仁摂政	11/12 ワシントン会議						
11	6/24 シベリア撤兵声明	12/30 ソ連成立						
12	3/8 東京で初国際婦人デー集会	9/1 関東大震災						
13	1/20 中国第1次国共合作	5/10 護憲3派総選挙大勝						
14	2/19 治安維持法可決	3/2 普通選挙法可決						
昭和1	12/25 大正天皇崩御	円本ブーム						
2	3/15 金融恐慌始まる	モボ・モガ流行						
3	6/4 張作霖爆殺	ラジオ体操開始						
4	大卒就職難	10/24 株暴落、世界恐慌						
5	恐慌日本に波及	1/21 ロンドン会議						
6	9/18 満州事変	東北北海道凶作						

姉	齢	母	齢	父	齢	本人	齢	西暦
				11/1 誕生	0			1912
					1			1913
					2			1914
					3			1915
					4			1916
		2/1 誕生	0		5			1917
			1		6			1918
			2	小 1	7			1919
			3	小 2	8			1920
			4	小 3	9			1921
			5	小 4	10			1922
		小 1	6	小 5	11			1923
		小 2	7	小 6	12			1924
		小 3	8	旧制中 1	13			1925
		小 4	9	旧制中 2	14			1926
		小 5	10	旧制中 3	15			1927
		小 6	11	旧制中 4	16			1928
		高等女 1	12	旧制中 5	17			1929
		高等女 2	13	浪人	18			1930
		高等女 3	14	旧制高 1	19			1931

図2

和暦	歴史事案	歴史事案	配偶者	齢	長男	齢	長女	齢
7	5/14 チャップリン来日 5・15 事件	3/1 満州国建国宣言						
8	3/27 国連脱退 12/23 皇太子明仁誕生	8/19 明石中・中京商 25 回延長戦						
9	4/21 忠犬ハチ公銅像建立	11/2 ベーブルース来日						
10	2/18 天皇機関説事件	4/1 青年学校令公布						
11	2・26 事件	8/1 ベルリン五輪						
12	7/7 盧溝橋事件	12/13 南京占領虐殺						
13	5/5 国家総動員法施行	6/9 勤労動員開始						
14	5/11 ノモンハン事件	9/1 第 2 次大戦勃発						
15	10/12 大政翼賛会発足	3 月外国風芸名改名						
16	12/8 太平洋戦争開戦	3/1 国民学校令公布						
17	2/1 味噌醤油配給制	6/5 ミッドウェー海戦						
18	10/21 明治神宮で出陣学徒壮行会	3 月野球語等の日本語化						
19	1/26 建物疎開命令	8/4 学童疎開始まる						
20	8/15 終戦	8/12 踊る宗教開教						
21	1/1 天皇人間宣言	1/19 のど自慢素人音楽会						
22	5/3 日本国憲法施行	12/22 家制度廃止						
23	6/28 福井大地震	東京ブギウギ						
24	1 ドル 360 円に	11/3 湯川秀樹ノーベル賞						
25	7/11 総評結成	朝鮮特需						
26	9/4 サンフランシスコ講和条約	1 月初の紅白歌合戦	2/22 誕生	0				

姉	齢	母	齢	父	齢	本人	齢	西暦
		高等女4	15	旧制高2	20			1932
		高等女5	16	旧制高3	21			1933
			17	大学1	22			1934
			18	大学2	23			1935
			19	大学3	24			1936
			20		25			1937
			21		26			1938
			22		27			1939
		5/10 結婚	23	5/10 結婚	28			1940
			24		29			1941
			25		30			1942
			26		31			1943
			27		32			1944
4/2 誕生	0	4/2 第1子誕生	28	4/2 第1子誕生	33			1945
	1		29		34			1946
	2		30		35			1947
	3		31		36			1948
	4	3/1 第2子誕生	32	3/1 第2子誕生	37	3/1 誕生	0	1949
	5		33		38		1	1950
	6		34		39		2	1951

図3

和暦	歴史事案	歴史事案	配偶者	齢	長男	齢	長女	齢
27	4/28 講和・日米安保条約発効	4月君の名は放送開始		1				
28	7/27 朝鮮休戦	11月うたごえ運動さかん		2				
29	7/1 自衛隊発足	プロレス人気		3				
30	神武景気始まる	東芝電気釜発売		4				
31	12/18 日本国連加盟	10/19 日ソ国交回復		5				
32	ソ連人工衛星成功	なべ底不況始まる	小1	6				
33	12/23 東京タワー完工	栃若時代・ロカビリー流行	小2	7				
34	4/10 皇太子結婚パレード	岩戸景気	小3	8				
35	6/15 安保デモ国会突入・樺美智子死亡	10/12 浅沼社会党委員長暗殺	小4	9				
36	9/16 第2室戸台風	スーダラ節	小5	10				
37	12/5 人づくり懇談会発足	9/26 若戸大橋開通	小6	11				
38	1月に38豪雪	11/22 ケネディ暗殺	中1	12				
39	4月海外旅行自由化	10/10 東京五輪	中2	13				
40	プロ野球第1回ドラフト会議	さよならはダンスの後に	中3	14				
41	1/18 早大学生占拠	交通戦争	高1	15				
42	4/15 美濃部都知事当選	ミニスカート流行	高2	16				
43	4月霞が関ビル完成	GNP 世界2位に	高3	17				
44	1/18 東大安田講堂封鎖解除	7/20 アポロ11号月着陸	大1	18				
45	3/14 大阪万博開幕	11/25 三島由紀夫割腹	大2	19				
46	6/17 沖縄返還調印	ボウリングブーム	大3	20				

姉	齢	母	齢	父	齢	本人	齢	西暦
小1	7		35		40		3	1952
小2	8		36		41		4	1953
小3	9		37		42		5	1954
小4	10		38		43	小1	6	1955
小5	11		39		44	小2	7	1956
小6	12		40		45	小3	8	1957
中1	13		41		46	小4	9	1958
中2	14		42		47	小5	10	1959
中3	15		43		48	小6	11	1960
高1	16		44		49	中1	12	1961
高2	17		45		50	中2	13	1962
高3	18		46		51	中3	14	1963
大1	19		47		52	高1	15	1964
大2	20		48		53	高2	16	1965
大3	21		49		54	高3	17	1966
大4	22		50	8/10 没	55	大学1	18	1967
	23		51			大学2	19	1968
	24		52			大学3	20	1969
	25		53			大学4	21	1970
6/3 結婚	26		54			就職	22	1971

図4

和暦	歴史事案	歴史事案	配偶者	齢	長男	齢	長女	齢
47	5/15 沖縄県発足	9/29 日中国交正常化	大4	21				
48	11/2 石油ショック	2/10 変動相場制に	就職	22				
49	12/9 田中内閣金脈批判で総辞任	戦後初マイナス成長		23				
50	3/10 山陽新幹線福岡へ	不況深刻化	退職	24				
51	1/31 初の5つ子誕生	7/27 ロッキード事件	4/8 結婚	25				
52	3/1 米ソ 200 カイリ実施	7/23 小中ゆとり教育		26				
53	5/20 成田空港開港	キャンディーズ解散公演		27				
54	1/13 初の共通1次試験	7月ウォークマン発売	6/1 長男誕生	28	6/1 誕生	0		
55	6/12 大平首相急死	7/19 モスクワ五輪		29		1		
56	3/2 残留孤児初来日	ノーパン喫茶急増	7/1 長女誕生	30		2	7/1 誕生	0
57	2/6 ホテルニュージャパン火災	6/23 東北新幹線開業		31		3		1
58	4月Tディズニーランド開園	10/14 日本初の体外受精児出生		32		4		2
59	3/18 グリコ・森永事件	独居老人 100 万人超		33		5		3
60	エイズ恐怖世界に	8/12 日航ジャンボ墜落		34		6		4
61	4/1 男女雇用均等法施行	4/26 チェルノブイリ原発事故		35	小1	7		5
62	4/1 国鉄 JR に 5/3 朝日新聞阪神支局襲撃	サラダ記念日		36	小2	8		6
63	4/10 瀬戸大橋開通	9/19 天皇吐血		37	小3	9	小1	7
平成1	1/7 昭和天皇崩御	4/1 消費税開始 3%		38	小4	10	小2	8
2	1/13 センター試験開始	2〜3月バルト3国独立		39	小5	11	小3	9
3	バブル終焉	12/26 ソ連消滅		40	小6	12	小4	10

姉	齢	母	齢	父	齢	本人	齢	西暦
7/30 第1子誕生	27	7/30 初孫誕生	55				23	1972
	28		56				24	1973
8/5 第2子誕生	29	8/5 孫誕生	57				25	1974
	30		58				26	1975
	31		59			4/8 結婚	27	1976
	32		60				28	1977
	33		61				29	1978
	34	6/1 孫誕生	62			6/1 長男誕生	30	1979
	35		63				31	1980
	36	2/1 孫誕生	64			7/1 長女誕生	32	1981
	37		65				33	1982
	38		66				34	1983
	39		67				35	1984
	40		68				36	1985
	41	9/10 没	69				37	1986
	42						38	1987
	43						39	1988
	44						40	1989
	45						41	1990
	46						42	1991

図5

和暦	歴史事案	歴史事案	配偶者	齢	長男	齢	長女	齢
4	5/22 日本新党結成	朝日ジャーナル休刊		41	中1	13	小5	11
5	6/ 9 皇太子・雅子結婚式	8/9 細川8党連立内閣発足		42	中2	14	小6	12
6	6/30 村山内閣発足	7/8 金日成死去		43	中3	15	中1	13
7	1/17 阪神淡路大震災	3/20 地下鉄サリン事件		44	高1	16	中2	14
8	1/11 橋本内閣発足	O-157 大流行		45	高2	17	中3	15
9	2/19 鄧小平死去	11/22 山一証券破綻		46	高3	18	高1	16
10	4/5 明石海峡大橋開通	7/25 和歌山毒カレー事件		47	大1	19	高2	17
11	1/1EU のユーロ導入	世界人口60億越す		48	大2	20	高3	18
12	3/26 ロシア・プーチン大統領就任	4/1 介護保険制発足		49	大3	21	大1	19
13	1/6 省庁再編	9・11 米同時多発テロ事件		50	大4	22	大2	20
14	4/1 ゆとり教育開始	9/17 小泉首相北朝鮮訪問		51		23	大3	21
15	3/19 米英イラク攻撃	冬のソナタ		52		24	大4	22
16	10/23 新潟県中越地震	12/26 スマトラ沖地震		53		25		23
17	4/1 個人情報保護法施行	4/25 福知山線脱線事故		54		26		24
18	9/26 安倍内閣発足	10/9 北朝鮮核実験		55		27		25
19	7/29 民主参院で過半数	7/16 新潟中越沖地震		56		28		26
20	9/15 リーマンショック	12/30 年越し派遣村		57		29		27
21	9/16 民主党鳩山政権発足	10/9 オバマノーベル平和賞		58	4/10 結婚	30		28
22	4/19 大阪維新の会結成	9/28 金正恩北朝鮮公式後継者	10/1 初孫誕生	59	10/1 第1子誕生	31		29
23	3/11 東日本大震災	1/20 中国 GDP 世界2位		60		32		30

姉	齢	母	齢	父	齢	本人	齢	西暦
	47						43	1992
	48						44	1993
	49						45	1994
	50						46	1995
	51						47	1996
	52						48	1997
	53						49	1998
	54						50	1999
	55						51	2000
	56						52	2001
	57						53	2002
	58						54	2003
	59						55	2004
	60						56	2005
	61						57	2006
	62						58	2007
	63						59	2008
	64					3/31 定年	60	2009
	65					10/1 初孫誕生	61	2010
	66						62	2011

図6

和暦	歴史事案	歴史事案	配偶者	齢	長男	齢	長女	齢
24	11/15 中国・習近平総書記就任	12/26 安倍自公内閣発足		61		33	10/8 結婚	31
25	1/22 無期限金融緩和	9/7 東京五輪決定		62		34		32
26	7/1 集団的自衛権容認閣議決定	11/16 沖縄知事に翁長氏	5/1 孫誕生	63		35	5/1 第1子誕生	33
27	6/17 選挙権 18 歳に	9/19 安保法成立		64		36		34
28	4/14 熊本地震	8/8 天皇退位意向放映		65		37		35
29	1/20 米トランプ大統領就任	2/9 森友学園問題発覚		66		38		36
30	6/28 ～ 7/8 西日本豪雨	7/6 オウム死刑執行		67		39		37
令和 1	4/15 ノートルダム大聖堂火災	7/18 京アニ放火		68		40		38
2	コロナ蔓延	1/31 英 EU 離脱		69		41		39
3	1/20 米バイデン大統領就任	7/23 東京五輪無観客開幕		70		42		40
4	2/24 ロシア、ウクライナ侵略	7/8 安倍元首相銃撃死		71		43		41
5	ジャニーズ問題	ガザ報復爆撃		72		44		42
6	1/1 能登半島地震	自民党裏金問題		73		45		43
7				74		46		44

姉	齢	母	齢	父	齢	本人	齢	西暦
	67						63	2012
	68						64	2013
	69					5/1 孫誕生	65	2014
	70						66	2015
	71						67	2016
	72						68	2017
	73						69	2018
10/1 没	74						70	2019
							71	2020
							72	2021
							73	2022
							74	2023
							75	2024
							76	2025

第3章　横糸は家系図

年表の次は家系図＝図7（76～77ページ）＝を作ります。自分史作りを山登りに例えれば年表は地図、家系図はコンパスの役割をします。地図とコンパスのない山登りが危険なように年表と家系図のない自分史作りは挫折を呼び込んでしまいます。特に年表はきめ細かく正確に作ることが肝要です。まずは粗いままで完成させておき、原稿を書き始めた後も時々、事柄を追加するのが得策です。

親族関係を一目で

家系図は人間関係の幅を示しています。人間関係というのは親族だけでなく友人・知人も含まれますが、幼い時はおじ、おばなど親族の存在は大きいですからこの家系図は後々大切な道具になります。全体の親族関係が一目でわかるのがメリットです。

戸籍にはだれだれの長男か次女か、など続柄が書いてありますからそれを元に作っていきます。本人を中心に父、母それぞれの両親、兄弟姉妹とその子ども、（本人からは祖父母、おじ、おば、いとこ）などを書いていきます。夫婦関係は夫が右、妻を左において二重線でつなぎます。またその下の子どもには一重線でつなぎ、右から年長者順というのが一般的です。こうした書き方を統一しておくと長男長女など年齢順が一目でわかります。また、生まれてすぐに亡くなった場合でも続柄に関係するので省略しない方が後々間違いを防ぐことができます。

双子や三つ子の場合、以前は先に生まれた方が弟や妹になるという俗説がありましたが、戸籍法では先に生まれた方が年長ということですので、家系図では右に書くことになります。四角囲みの枠に一人一人名前を書き入れます。さらに生年月日、没年月日を名前の上下に記載し、夫婦間などに婚姻年月日や養子縁組の年月日を記入しておけば後々使いやすくなります。人数にもよりますが、父方母方各1枚に書けるよう横長のA3判がお勧めです。

テキストボックスを使用

私がパソコンのワードで作っている方法を紹介しましょう。ワードにはスマートアートという家系図を作るソフトもありますが私にはあまり使いやすいと思えません。テキストボックスと図形の罫線を使うほうが簡単にできるようです。

1　ワードを立ち上げます。
2　挿入をクリック
3　テキストボックスをクリック
4　「縦書きボックス」をクリック
5　ドラッグしながら長方形の図形を描きます。これがテキストボックスです。この中に文字が書けるようになっています。
テキストボックスの線の上に矢印を当て右クリックし、矢印をコピーのところへ持ってきてクリックします。
6　右クリックし貼り付けをクリック→画面の左上辺りに貼り付けられます。

7　6のクリックを同じように繰り返し、必要な数だけテキストボックスを貼り付けます。

8　テキストボックスに名前を記入し、ボックスを上下左右に並べ、ファミリーツリーを形作ります。

9　ボックスとボックスの間に両親、兄弟など続柄に合わせて罫線を引きます。（ツールバーの「挿入」→「図形」→「直線」をクリック）（直線の上で右クリックし「描画モードのロック」をクリックすると描画モードが維持されます。解除するときはESCボタンを押します）。線を引くときShiftキーを押しながらドラッグすると真っすぐ引きやすいです。直線の形や大きさが決定したら、コピーと貼り付けで沢山の部品を作っておくとそれを配置するだけで作れるので手間が省けます。

10　家系図情報の補足として各人の生年月日と没年月日、婚姻年月日、備考をいれる横書きボックスを作ります。備考欄は離婚や養子縁組など特記事項の欄です。横書きボックスは罫線を省く方が見やすいでしょう。

横書きボックスは各人の名前ボックスの上下に配置し、上は誕生、下は死亡、夫婦の線の上には婚姻年月日を色分けした数字で記入します。

こうして出来上がった家系図は父方、母方各1枚にまとめておくと後々の点検で大変便利です。

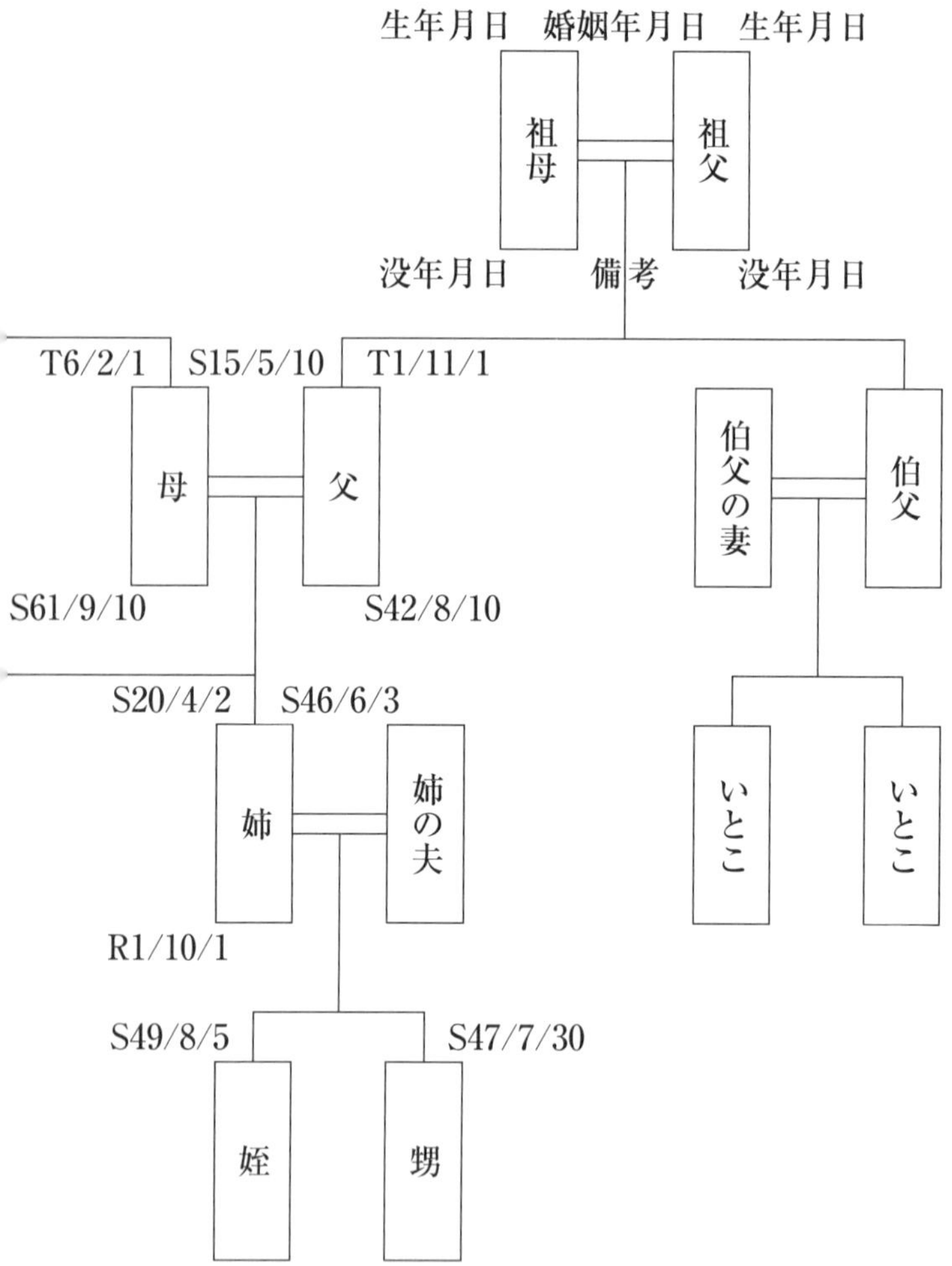
生年月日　婚姻年月日　生年月日
祖母
祖父
没年月日
備考
没年月日
T6/2/1
S15/5/10
T1/11/1
母
父
伯父の妻
伯父
S61/9/10
S42/8/10
S20/4/2
S46/6/3
姉
姉の夫
いとこ
いとこ
R1/10/1
S49/8/5
S47/7/30
姪
甥

図7

家系図(モデル)

名前の上　生年月日
名前の下　没年月日
夫婦の上　婚姻年月日
夫婦の下　備考

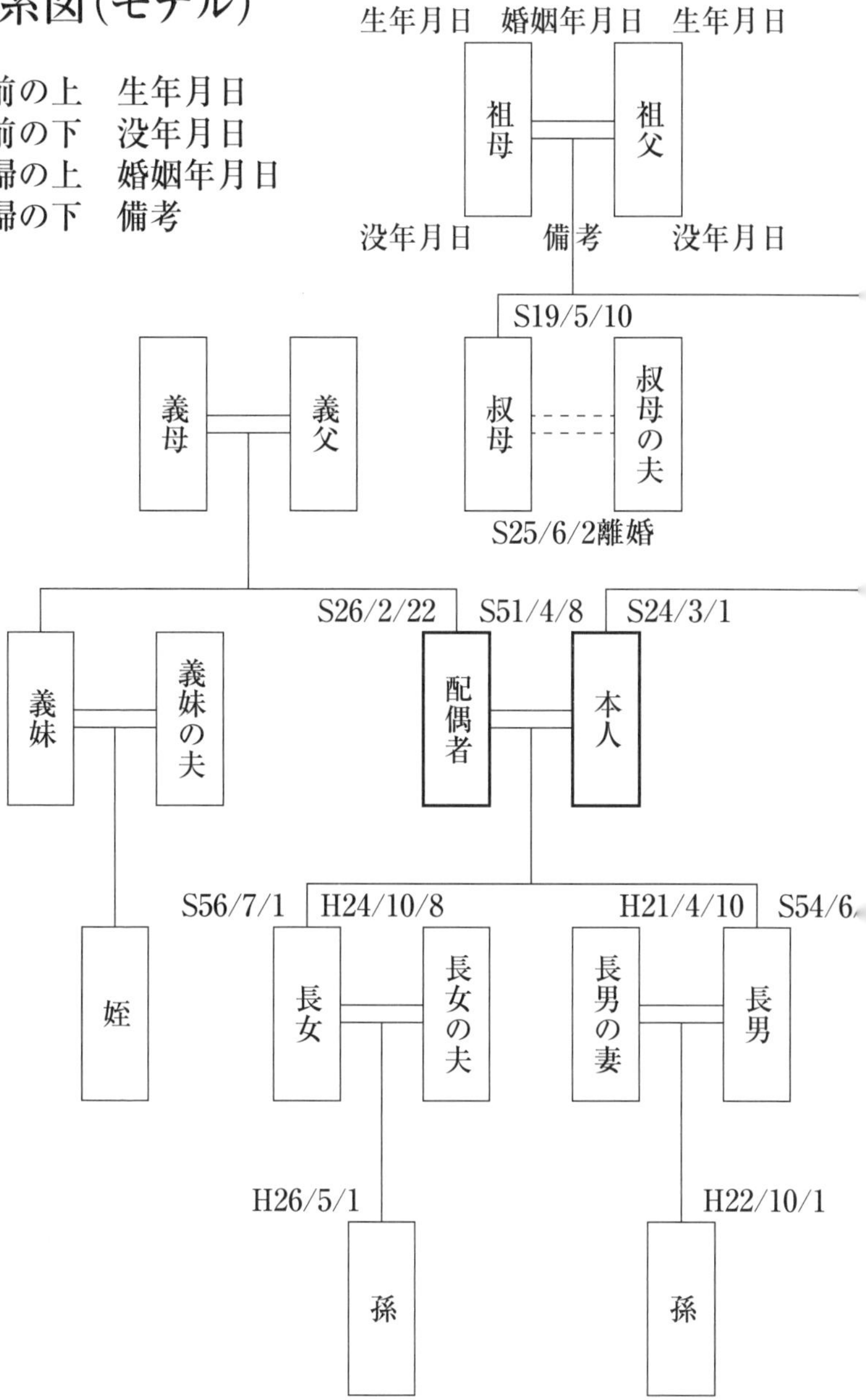

第2部

記憶を掘り起こす——神は細部に宿る

第4章　脳の刺激で記憶復活

自分史作りには昔の記憶を掘り起こすことが肝要です。記憶力がよく、詳しく鮮明に残っておられるのならそれに越したことはないのですが、多くの人は忘れてしまい覚えていても断片でしか残っていないのが普通です。

しかし脳に刺激を与えれば記憶はちゃんとよみがえります。その一つは「聞いてもらう」ことです。漠然とした質問でなく細かい点を聞いてもらうことが大切です。細かい質問をされると頭が刺激され脳の底に沈んでいた記憶が掘り起こされてきます。一つ掘り起こされれば関連して次の記憶、そしてまた次の記憶、と芋づる式に飛び出してくるでしょう。細かく聞かれればそれだけ細かく思い出せてくるのです。

自分史の場合、この記憶を上手く並べて整理しなければいけませんから、この質問の順番を時系列に並べてもらい、それに答えていくのが手っ取り早い方法です。

私はこの「何をどのように聞いたらよいか」という質問をほぼ時系列に並べ約300項目

程（関連質問が出てくるので正確には数えられない）にまとめた「記憶掘り起こし質問」を作っています。この質問項目に沿って、記憶を掘り起こしていけば多くの過去の事実が浮かび上がってきます。それを箇条書きで書いて残しておけばよいのです。

３００項目というのはかなりの量です。一気にはできません。どこから始めても結構です。途中で終わり、途中から始める。自分に当てはまらない項目はどしどし飛ばして構いません。そんな風に時間を見つけて少しずつメモしておけば沢山のネタになります。その内、質問項目にない内容も思い出すでしょう。それも大切なネタですから、大事に残しておいてください。それこそがオリジナルな自分の記憶であり、貴重な内容になると思います。

質問は巻末に掲載しましたので参考にしてください。市販品では毎日新聞社から出ている「思い出ノート」というのがあります。山陽新聞社（岡山県）の「山陽新聞　自分史クロニクル」の巻末にもあります。ただ、質問が私の作ったものより細かくないので私には物足りない感じがしました。

雰囲気映す写真

写真は自分史にとって重要な地位を占めます。一つは記憶喚起の手がかりになること。もう一つは本のレイアウトやアクセントとして大切な要素になるからです。若い頃の写真は数多く残っていると思います。写真のよいところは当時の服装や風貌がわかり、時代の雰囲気がわかることです。

写真を見ると、その時のその場面を思い出すことでしょう。写っている建物や看板などで場所がわかる場合もよくあります。関連してその時の会話や雰囲気も思い出せて、うまくいけば、その前後の経緯まで遡れるかもしれません。

アルバムに貼ってある場合は、まずじっくり眺め、時期、場所などが思い出せる写真をデジタルカメラで撮影し、プリントアウトし、思い出した内容を裏にメモしておいてください。写真に撮影年月日が入っていると貴重な情報です。記憶を呼び起こす場合でも「いつ」というのはわからないケースが多いので大変重要な記録になります。

写真も時系列で整理するのが基本です。

しかし、撮影年月日がない写真を時系列に整理することは結構難しいと思います。うまい方法はなかなかありませんが、いくつかヒントをお示しします。

まず、保育・幼稚園、小中高校など入学や卒業などの記念集合写真をピックアップします。その写真は年表で記した年齢から年次もはっきりわかります。

次にはその記念集合写真の時期を軸にしてスナップ写真の時期を仕分けるのです。すると

10年ぐらいの幅でしたら撮影時期が推定できると思います。

スナップ写真は、旅行や、イベントごとにグループ分けし、服装、登場人物、背景などを頼りに時期を推定します。例えばメガネをかけ出した時期、校則で頭髪を丸坊主にした時期など少・青年時代は風貌が大きく変わる時期があるので、その風貌や服装を分析してください。撮影場所、年代などを思い出したらその内容をメモし写真に添付しておきましょう。

問題は取捨選択です。気に入った写真を残せばよいのですが、膨大な写真が残っている場合は先に選択した方が手間が省けます。分類の際は①必要②不要③どちらか未確定——に3分類し①を時系列に並べて保管しておきましょう。記憶が喚起される写真は①に分類します。後で本に掲載する写真を取捨選択しなければなりません。時期や図柄に偏りがないように100枚ぐらい選ぶつもりで見ていきましょう。


学校歴確認に役立てた卒業アルバムで学友たちの名前と顔を見れば多くの思い出がよみがえります。フルネームがわかるので、それぞれの名前を挙げて、特徴、性格、遊びや運動会、学芸会などの思い出を書き連ねるだけで、沢山の自分史ネタになるはずです。もし、同窓生と一緒に見ることができれば沢山のエピソードが出てくるはずです。

年賀状、お薬手帳も時代の記録

写真と同じように記憶喚起に役立つものに年賀状があります。こちらは年次がはっきりし、その時の交友関係や親戚、家族の状況が一目でわかります。ひと言添えてある言葉に社会情勢や前年の出来事、当時の自分の抱負や決意、考えが映し出されています。

古い手紙、日記なども残っていれば役に立ちますが、読み返すだけでも大変な労力が必要です。その点、年賀状は短文ですから分量が知れています。単なる挨拶だけの年賀状は読み飛ばし、記憶喚起や事実記録的な内容があるものを手元に残したらよいのです。生前整理にも役立つでしょう。

病気や健康面の記録を調べたい時は診察券やお薬手帳が役に立ちます。これも日付の記録が載っているので持病が起きた時期や当時の医療機関などがわかります。

家族の語らいから

年表、家系図、昔の写真――これらの材料が揃ったら親族と思い出話をしてください。父母が存命ならもちろん父母からが最善ですが、多くの方はすでに他界されていることでしょう。ですから実際に思い出話をするのは兄弟姉妹ということになるでしょう。自分が見ていた父親、母親像とは違う親の姿がでてくるかもしれません。

私の場合は兄が存命でしたから昔の写真を見ながら話を聞きました。思い出話をしながらの取材です。7歳上で、私が生まれた時に小学1年生でしたから、私の幼少時代の家庭の様子をよく覚えていました。家の大きさ、近所の人たちとの交流などびっくりするほど覚えていました。自分も一緒に写っている古い写真を見ながら話を聞くと登場しているそれぞれの名前や年齢、当時の状況もわかってきます。

兄は私が知らない父親像や母親像、あるいは家族団らんの様子など沢山のエピソードを聞かせてくれました。逆に兄が知らないことを私が知っていることもあります。そんなことから、芋づる式に沢山の話が飛び出してきます。幼少時代の風景が急に色づいてくるような感覚になるほどです。話を聞く時も年表が大変役に立ちます。父母の年齢や当時の職業上の立場を背景にした一定の年代に絞りながら話を聞け、散漫になることを防げます。

思い出話を聞く時は必ずICレコーダーを置いて録音しておくことをお勧めします。年齢や体調によりますが、1回2～3時間ぐらいなら大丈夫でしょう。身内なのでさほど緊張することもないでしょう。私の場合は、兄自身も思い出すことが楽しくなり、1回では時間が足りないぐらいでした。あとで要約を文字起こしし、人名の漢字などを確認してもらいました。

幼少期を試し書き

自分史は、自分が生まれた時から始めるのがオーソドックスです。戸籍にある情報に、親や兄弟姉妹から聞かされた話を織り交ぜて文章を作れば幼少期の文章が出来上がります。

私の戸籍には生年月日や誕生地、父母の名前が載っています。結婚して父の戸籍から抜けたので兄弟姉妹についての記述はありません。これを知るには父親の戸籍（除籍謄本）を見ないとわかりません。父の戸籍は大阪市阿倍野区にありました。

戸籍から次の情報が得られます。私は1948（昭和23）年3月、京都市上京区で誕生。7歳上の兄と3歳上の姉がいる次男坊の末っ子です。

私の記憶は生まれた場所と時間、体重と特徴、それと臍《へそ》の緒を見たことぐらいでした。これらの情報から試し書きしてみます。

私が生まれたのは京都市上京区の児童院というところだ。耳で聞いただけなので漢字が「児童院」だと勝手に思い込んでいるが、正しいかどうか定かでない。ひょっとしたら「地蔵院」であったかもしれない。いずれにせよ産院みたいなところだっただろう。

夕方に生まれ、体重は1貫に届かなかったと聞かされていた。今でいえば3千グラムぐらいだったのか。「えらい色の黒い子やなあ」というのが第一印象だったそうだ。三人きょうだいの末っ子。三人目ともなれば、両親ともさほど感激がなかったのかもしれない。誕生の際の詳しい話はあまり聞かされなかった。産湯や赤ん坊時代の写真は一枚もない。ただ小さな木箱に入ったへその緒が、タンスに保存されてあり「これがお前のへそだ」とスルメイカのようなものをよく見せられた記憶がある。

このようにはっきりしている事実と記憶と想像を交えて書いていくのが自分史の楽しさです。もう一つ大切なのは背景の社会情勢を忘れないことです。この時に役立つのが年表です。戸籍からつくった年表や家系図を見ながらさらに続けると次のようになります。

戸籍によると、父と母の婚姻届け日は昭和十五年十月二十三日になっている。私は以前から「五月に結婚した」と聞いていたから、式が五月で、籍に入れたのが十月なのだろうか。すぐに籍に入れなかった事情が何かあったのだろうか。

母は一人娘だった。母の両親は婿養子を希望した。しかし父は結婚の申し出の際「婿養子は絶対嫌だ」と言っていたという。三男だった父は小学生の時に叔父の家に養子に入っていた。自分が養子縁組で味わった経験が何か心のしこりになっていたのかもしれない。

昭和十五年は太平洋戦争が起こる1年前。その前からの中国との戦争は泥沼化し、若い男には次々と赤紙がやってきて兵隊に引っ張られていった。日独伊三国同盟が結ばれ大政翼賛会が発足するなど戦時色がますます濃くなっていた。

「これから戦争がどんどん激しくなる」「男の人が年々少なくなっていく。このままでは娘が結婚できなくなってしまう」。悩んだあげく、祖父母は結婚を許したそうだ。しかし、一人娘を嫁に出し、自分が死んでしまったら祖母は一人になってしまう。祖母の暮らしが心配だった祖父は、自分の死後は必ず祖母をひきとり暮らしの面倒を見てほしい、と父に約束させたのだった。

当時、母は二十三歳。その時代、結婚適齢期ぎりぎりといったところだろう。私の父母が結婚した7年後、祖父は脳出血で亡くなった。私が生まれる1年前である。私にとって祖母は家族の一員としていつも私の前に居た。祖母は多分、私の誕生と相前後して同居するようになったのであろう。

父母の生年月日と婚姻した日付しかない無機的な戸籍の情報も背景を加えると、それなりの雰囲気が出てきます。私が物ごころついた時、我が家は父母と子ども3人、それに祖母の

6人家族でした。戸籍と年表があれば、父母の結婚年次や年齢、私が生まれた時の年齢や祖父母の生死、年齢、さらに社会情勢や聞かされた記憶などからいろいろ想像ができ、楽しいものです。

大事な6割主義

戸籍と家系図、記憶の掘り起こし、さらに試し書きの実例をお示ししましたが、どれも最初に完璧に仕上げるという意味ではありません。資料も文章も6割ほどの仕上がりなら次に進むぐらいの気持ちでいてください。資料を完璧に仕上げてから執筆にとりかかっていては間に合いません。ある程度仕上がったら執筆を始め、新たな事実が判明したら、その時に資料も手直しする、そんなつもりで家系図、年表を作ってください。文章も最後まで手直しが必要なように資料も最後まで手直しするという心構えが自分史作りを気楽にする秘訣です。

文章を最初から最後まで一気に書き上げることは物理的にも不可能でしょう。強烈な思い出やしっかり記憶が残っているところなど書きやすいところから書いて保存し、あとでつなぎ合わせて長文に仕立ててあげるのが賢明なやり方です。自分の誕生の場面を序盤にしておくのが自分史のコツです。誕生の際に家族全員を登場させることで子ども時代の家族の様子が説明でき、後々の文章がわかりやすくなるのです。

誕生の場面の次は保育所・幼稚園、さらに小学校入学前までが幼年時代になりますが、このあたりは資料が少ない断片的な記憶を頼りに書くことが多いでしょう。兄弟姉妹がいれば、それぞれの性格やお互い子ども心に残った印象や遊びの話など、あるいは風呂や食卓の様子が書けるでしょう。その後、小学4年生ごろからは記憶がはっきりし、遠足や運動会の場面など楽しかった思い出が書けると思います。

中学生になれば行動範囲も広くなります。その時の記憶を呼び戻すには卒業アルバムが重宝します。友達や学校行事がわかり、書く内容にも厚みが出てくると思います。楽しい思い出、嫌な経験、嬉しかった事、つらかった事、それぞれ自分が書きたい事を書きたいように書いていけば十分です。初めての受験をした高校入学など人生の中の記憶は沢山あるでしょう。

断片を殴り書き

文章を執筆する時、最初から完璧な文章を仕上げる必要はありません。途中まで書いて、次のところに移っても構いません。殴り書きでも構いません。あとで新しい記憶が戻ったり、よい言葉が出てきたりするかもしれません。6割書ければ次の項目に取り掛かる方が全体としての仕上がりは早くなるでしょう。

書く順序も時系列である必要はありません。書きやすいところから書き、あとで順番を整えればよいわけです。最近の出来事でも文章にして残しておけば完成時に最新の出来事として加えることができます。

ですから、執筆する時は一つのエピソードごとに紙を新しくし、エピソードごとの塊を時系列に整理、保存しておくのです。そして、終盤の編集段階で順番を決めていけばよいのです。

その点パソコンの文書作成ソフトは便利です。文章の入れ替えが簡単にできます。もし、パソコンでなく手書きの場合は原稿用紙に書くのをお勧めします。大体の分量がわかるのと、入れ替えができるからです。ノートにびっしり書き込まれていると分量もわからないし、順番替えなど編集がしにくいのでお勧めできません。

第3部 執筆の心得――客観的に見る

第5章　文章の大中小

いよいよ本格的な執筆に取り掛かる番です。文章読本など世間には沢山のノウハウ本がありますが、千差万別の人生を表現する自分史ですから、うまくマニュアルが機能するとは限りません。苦労して、何度も頭を悩ませ、直し、直されながら上達していくものです。といっても基本的なことは、どの文章論も大体同じです。

作家の井上ひさしさんが「井上ひさしと141人の仲間たちの作文教室」という本を書いています。その本の中でこういう文章がありました。

「いちばん大事なことは、自分にしか書けないことを、だれにでもわかる文章で書くということ」

これに尽きます。

自分史というのは世界にたった一つしかありません。ですから「自分しか書けないこと」

はもうクリアしています。自分史を「書こう」と決心した時、これはもう半分ができているようなものなのです。

次の「だれにでもわかる文章で書く」。実はこれが難しいところです。そのためにはどうしたらよいか、これこそ名案が欲しいところです。私なりに補足してみます。

まず「わかる」ということ。

初対面の人同士でも故郷が同じだった場合は会話がはずみ、理解はスムーズに進みます。これは育った環境が同じで経験が共通し、同じ知識が沢山あるからです。これは書き手と読み手の関係でもいえます。つまり、読み手の知識に沿うように書くと読み手はすんなり頭に入り、胸におちていくということです。

では、読み手の知識に沿ってわかってもらうように書くにはどうすればよいか。まずは使う言葉です。難解な漢語やカタカナ語、専門用語、業界用語を避けることです。どうしても使わないと書きにくい場合はカッコ内などどこかに語句説明をつけるようにしてください。やさしい言葉といってもひらがなばかりでは読みにくいでしょうから漢字も必要です。レベルは中学2年生を想定すればよいと思います。そのレベルのやさしい言葉を使うことで書き手と読み手が内容を共有でき、コミュニケーションがうまくいくわけです。

次は視点です。自分の立ち位置からだけでなく読み手の視点も考慮するということです。

「父は大柄だった」というのは自分の見た感じですが、「父は身長180センチ、体重90キロだった」とすれば感じではなく事実の表現です。自分だけではない読み手の視点を考えた表現になります。それが客観的に書くということです。この本の第1部で年表と家系図を作る作業をお示ししましたが、いずれも自分の人生を客観的に眺めることになる大事な作業です。

文と文章の塊

厳密にいうと文と文章は意味が違います。文は初めから終わりの句点まで。文章は複数の文をまとめたものです。一口に文章と言っても1行しかない短文もあれば数行になるもの、十数行になるもの、あるいはそれらがまとまり数百行、数千行といった長文などがあります。文章の数行や十数行の塊を段落(パラグラフ)ということもあります。

俳句・川柳は大体1行。短歌や見出しはそれより長く1行か2行、広告のキャッチコピーも大体1行か2行です。

こうした文章のまとまりを整理し、積み上げて編集して作るのが1冊の本です。ですから分かりやすい本を作るのは1行の文の分かりやすさと段落での分かりやすさ、さらにそれらを整理・積み上げた文章集団としての分かりやすさ、読みやすさといった要素が必要になってきます。

文章論といっても1行だけの短文（小）と短文が集まった文の塊（中）とそれらの集団（大）という三つの種類に分けて考えたいと思います

短くまっすぐ

最も基本となる文は1行程度の短文です。このコツは、なるべく短くすることです。

短いのがわかりやすい理由は数字を見ればわかります。クレジットカード番号、預金口座番号など世間にはたくさんの番号があります。マイナンバーという政府が活用を呼び掛けている番号もあり、今後もＩＴの普及によってどんどん増えていきそうですが、あの番号を覚えられますか？

携帯電話の電話番号を例にとりましょう。

「０８３２９０６１４７５」11桁の番号です。わかりにくく、覚えるのは大変です。しかし「０８３─２９０６─１４７５」と3桁、４桁、４桁に分割すればぐんとわかりやすくなります。文章もこれと同じです。

日本語には主語、述語、修飾語がありますが、この修飾語があると長くなりがちです。英語でも関係代名詞というのがあると一文が長くなり苦手意識が芽生えた記憶があるでしょう。

一方、短い文がよいといってもそっけないのは困ります。美人というだけでなく「鼻筋の通った美人」とか「目がくりくりとした可愛さ」など具体的な記述を添えないと様子が伝わりません。また「白魚のような手」「もみじのような手」というように比喩をつかうのも読み手に画像を浮かばせるテクニックです。

二つ目は「ねじれない」ことです。文章のねじれというのは最初と最後が対応していない文章です。例をあげるとこうなります。「私の希望は自分史を作りたいです」。会話ではこれでも通じますが、書き言葉になると気持ちが悪くて違和感が残ります。ねじれを真っすぐにすると「私の希望は自分史をつくることです」、あるいは「私は自分史を作りたいです」ということになります。

自分の行動や考えを書く時に起きやすいケースがあります。

「きのうは夜更かしをしたのですが、翌日朝早く目が覚めたら空が真っ青に晴れ渡り、鳥の鳴き声が聞こえ、ねむたかったのですが、山に登りたくなり、でかけました」

事実と考えが長い文章の中で一緒くたになってしまい、わかりにくい文章になっています。

この場合は
「きのうは夜更かしをしましたが、翌日朝早く目が覚めました。空が真っ青に晴れ渡り、鳥の鳴き声が聞こえました。ねむたかったのですが、山に登りたくなり、でかけました」

というように三つの短い文に分けると読みやすくなります。

三つ目が主語と述語、修飾語と被修飾語をなるべく近づけることです。

「父は独身時代、母がアメリカ育ちだったので英語を一生懸命勉強しました」というのを「母がアメリカ育ちだったので、独身時代に父は一生懸命英語を勉強しました」という風に主語を後ろにもっていくのです。

この「近づける」大切さは修飾語と修飾される言葉の意味の明確さにも関係してきます。「大きな袋を持った子どもを連れた女性」では大きな袋を持っているのは子どもか女性かはっきりしません。「子どもを連れた大きな袋を持った女性」と言い換えれば意味がはっきりします。

5W1Hを念頭に

いつ（When）、どこで（Where）、誰が（Who）、何を（What）、なぜ（Why）、どのように（How）。よくいわれる5W1Hです。活字であれ口頭であれ、文章で物事を伝える基本はこの5W1Hの要素です。

この要素が入っていると、客観的な内容を概ね伝えることができます。特に、「いつ」「どこ」「何」という3要素は重要で、これがはっきりしないと読み手に事柄のイメージがわきません。

思い出した昔の出来事の記述は自分史に欠かせないでしょう。この時にこんなことがあった、こんなことを経験した、という事柄を説明する文章です。5W1Hの要素を念頭に置いて頭を整理してください。

しかし、実際に文章に書く場合はこの先で迷います。5W1Hをどの程度具体的に、あるいは抽象的に書くか、という問題にぶつかるからです。「誰」といっても名前で書くこともできるし父、母といった自分との関係性で書くことも可能です。「どこで」というのも「我が家で」ともできるし「大阪市内で」とも書けます。また、「なぜ」と問いかけてみても理由がわからないケースもあり、「どこ」だったか思い出せない場合もあるでしょう。それは書く内容によって使い分ける以外ないのです。

5W1Hというのはすべてが正確に揃っていないといけないというのではありません。自分が重要と思う箇所、重要な意味のある要素は詳細に書き、重要でないところは簡単に書けばよいのです。場合によっては抜け落ちていてもかまいません。1行の文ですべて網羅するのは無理でしょうから、実際には数行の文章で5W1Hが入っていればOKです。

書く内容によっては「誰と一緒に」「どの程度に」といった5W1H以外の要素が大切な

場合もあるでしょう。要するに重要な事項は詳細に、そうでない場合は簡単にするというメリハリが大切なのです。そうすることによって書き手が重要と思うところが伝わるというわけです。

自分史は、過去を思い出しながら書くわけですから、5W1Hの要素を網羅できないことは多々あります。そんな場合「広い野原」とか「山の上」など「ぼんやり」とでも書くにこしたことはありませんが、「場所は忘れたが…」「いつの頃かはっきりしないが」と断わりを入れておくと読者は納得して先に読み進むことができます。5W1Hというのは、念頭に置いて重要な書き洩らしを防ぐためのチェック項目だと考えればよいと思います。

複雑な事柄の説明

経緯やしくみなどの説明の際、困るのが「複雑な事柄の説明」でしょう。複雑に入り組んだ話を説明することは確かに難しいです。書けば書くほど混乱し、何度書き直してもまとまらないという経験は誰しもあるでしょう。

解決策の一つは「この話は少し複雑です」とか「ちょっと入り組んだ話です」という1行

を先に書くこと。こうすれば読み手は「ややこしい話か」と身構えてくれ、丹念に読んでくれます。不思議なことに書き手もこう書くことで後の文章が書きやすくなります。

そして、説明する文章には新聞の文章がモデルになります。新聞では長い文章の場合、リード（前文）を付けます。このリードはいわば「あらすじ」です。読み手は先にあらすじが頭に入っているので複雑な詳細もあらすじを手がかりにして理解していけるのです。しかも見出しがあって「一言で言えばどういうことか」という文意の中核を先に示しています。

自分史の場合でも複雑なことを説明するにはリードでざっくりしたあらすじを書き、その後、詳細を書くという2段階で書けばよいのです。

文章の流れを考慮

「大の文章」というのは「中の文章」を大きくまとめた文章群と考えてください。長文というのは結局「中の文章」を積み重ねたものですが、その並べ方で意味や意図がはっきりしたり、分かりやすく、面白くなったりします。読者をひきつけるかどうかのカギを握る「文章の構成」ということです。

よくいわれるのは「起承転結」です。

起　大阪本町　糸屋の娘
承　姉は十六　妹が十四
転　諸国大名は弓矢で殺す
結　糸屋の娘は目で殺す

これは起承転結の流れを典型的に説明した俗謡です。「起」で最初に物事の始まりを示し、その流れ「承」で「起」を詳しく説明。「転」は流れと一見無関係な事柄を示し、最後の「結」で全体の関係がつながるという構成です。4コマ漫画の場合もこうした構成になっていることが多いです。

「三段構成」というのもあります。「起承転結」から「転」を省いたものと考えるとわかりやすいです。「序論」「本論」「結論」という構成になります。

私は日本人だ
日本人は桜が好きだ
だから私は桜が好きだ

典型的に示すとこんな風になるでしょうか。

「起承転結」にしろ「三段構成」にしろ、こうした文章の流れはわかりやすさを左右する大きな要素です。常に念頭に置いて書き進めていってください。

本を作る場合、こうした「大の文章」をさらに集大成して構成する「章立て」というのが必要になってきます。2部構成か、3部構成か、あるいは各部の中で章をいくつに分けるかという作業です。章立ては書き手（ライター）というより編集者（エディター）の仕事の分野に入っていきますが、自分の文章を客観的、第三者の目で眺めることができれば、この作業もできるでしょう。それをマスターできれば書き方も洗練されていくことでしょう。

書き出しに全精力

自分史は自分の誕生から始めるのがオーソドックスです。

しかし、そうするとどんな自分史も「私は何年何月何日、どこそこで生まれた。両親は云々」という定番の表現になってしまい、面白みに欠けてきます。ここでいろいろな工夫が必要になってきます。

父親と喧嘩した時の話、あるいは母親の優しかったエピソードから入り、「私はこんな人間を父に持ってこの世に生まれた。〇年〇月〇日のことであった」、あるいは「このような母の胎内で育った私は銀の匙を一本も持たずにうまれたようなものであった」というように別の角度から入り、生まれたことにつないでいく工夫をすることです。

そのためには第1部の前に「プロローグ」の章を立て、自分が生まれる前の父母のエピソードを書き、第1部、第1章で「私は何年何月何日、どこそこで生まれた」とつないでいくのも手段です。それこそ各人各様、千差万別ですからいろいろ考えて工夫を重ねてください。

読み出しをどうするか。本文の最初の1行をどうするか？「吾輩は猫である。名前はまだない」。「木曽路はすべて山の中である」。冒頭の1行はその本の運命を決めていきます。章立てしてその第1部の最初が魅力的でないと、あとを読んでもらえません。全体の良しあしもここにかかっているのですから全精力をかけて工夫してください。

第6章　自分史でのコツ

自分史というのは個人の生きてきた足跡を描きます。しかし、個人という枠だけにとどまっていては広がりを欠いてしまいます。大事なのは世の中との接点を探し、社会的位置づけをすることです。

例えば誕生地や誕生日です。生まれた地域の歴史や風土に触れれば、地域文化が自分に及ぼした影響が浮き彫りになります。また、同郷の有名人の話を織り込むと読み手との共感が広がります。誕生というテーマであっても、その年月日や土地、あるいは時代などあらゆる側面に発想を広げ、社会的な話に結び付けるのです。

これには調査や取材が必要ですが、そうすることで、個人の歴史が世の中とつながり、意味に広がりが生まれてくるのです。

書きやすいところから

次は実践的な話です。プロでないのですから、執筆にまとまった時間が持てる人は少ないでしょう。ですから一度に長い文章を書こうと思わず、短行の文章を断続的に書き続けるつもりでいてください。

自分史の本を見ると前文、本文、後文といった構成になっていることが多いです。このため自分史を「前文」から書こうとする人がいますが、これは最も非効率なやり方です。自分史では筆者の書き順と読者の読み順は決して同じではありません。筆者が書くのはまず本文です。それも時代順でなくて結構です。書きやすいところ、記憶が確かなところから始めてください。記憶が新しい最近のことからでも結構です。日記代わりに書き留めておくといずれ自分史に掲載する文章になるでしょう。

場面ごとに小刻みで

誕生のあとは人生の流れに沿って並べていけばよいのですが、小学4年生ぐらいまではあまり記憶は定かでないと思います。小学校の卒業アルバムを見ながら思い出すことをそのまま書いていく程度でも十分です。まとまった話がなければ断片だけでも結構です。

幼児期なら幼児期全体を書くのではなく、その中の一場面、例えば運動会、あるいはお遊戯のことなど数行ずつ書くだけでよいのです。「1場面にタイトルと本文数行」の文章の塊をいくつも作っておくのです。前後のつながりや並べ方は気にせずとにかく場面ごとの文章の塊を書いて保存していくだけで結構です。

この結果、行替えが多くなるでしょうが、気にせず続けるのが書き進めるコツです。

こうした作業を小学校時代、中学校時代、高校時代、という風に時代ごとにまとめて保存し、終盤になって時系列で並べればよいのです。

それも、一つの場面を完璧に書き上げようとせず、6、7割書いたら次の場面に移って結構です。後で思い出すことが増えて書き直しになることがあるからです。また、細かい表現にこだわりだしたら前に進めなくなってしまいます。

中学生ごろになったら記憶も定かになってきます。

高校受験は多くの人にとって印象深い出来事でしょう。受験校を決める時の悩み、友達との別れ、反抗期や思春期の悩みなど書くネタはいくらでもあると思います。今となってはどうということのないことで悩んでいた若い時の自分を、今の自分はどのように見るか、そんな思索は自分再発見につながるかもしれません。

高校生活はどんなものでしたか？　青春は弾けましたか？　弾けた人もそうでなかった人も今の自分から見てその時の自分をどう分析しますか？

大学受験。希望通りの学校を受験しましたか？　偏差値の数字に振り回され成績順に輪切りされませんでしたか。

大学生活。想像した通りでしたか？　子どもから大人へ移る端境期。背伸びをして大人のまねをしませんでしたか。

就職はいかがでしたか。その時の好不況が想像以上に反映します。自分の努力だけでは解決しないことが少しずつわかってきます。

結婚。幸せな巡り合わせでしたか。幸せを感じましたか？　後悔はありませんか。初めて子どもが生まれた時、どんな感慨でしたか？　子育ての悩みは？

このように自分の人生を流れに沿って振り返っていくと、少しずつ当時の場面や考えたこと、感じたことを思い出してくるでしょう。そのことをそのまま字にしていけばよいのです。

そうするといくつかの項目については新たな記憶が呼び起こされ、何でもないごく当たり前だったことが違った色に見えてくるかもしれません。書き慣れてきた証拠です。そうなったらずんずん書き進めてください。大きな出来事、印象深いことに限らず何でも、とにかく書いておいてください。

この時は、単に思い出すだけでなく、思い出したことを巡って考えを深めることが大事です。よかったこと、まずかったこと、考えが浅かったこと——等々今にして思い返すことを含め反芻するのです。これは今後の生きる糧にもなるのですが、とりあえずは書き残すことを実行してください。

自明がもたらす落とし穴

自分史にはどうしても家族、親戚などがよく登場します。父母、兄弟姉妹、おじ、おば、いとこ、義父母、祖父母、義理の祖父母、義理のおじ、おば……。家族、親族のことを文章に書く時、続柄の正確な表現が意外と難しいです。というのも、父といっても母から見れば夫であり、祖父から見れば子になり、見る立場によって変わってくるからです。概ねは自分からの立場で書けば違和感がありませんが、文脈や場面によっては違和感がでることがあります。そのためには続柄だけで表現せずに、どこかで「叔父の誰々」という風に固有名詞を出しておく配慮が必要です。

おじ、おばは親族の中でも一番親密な関係になる人たちです。子どもの頃から親密にしているため、「東京おばちゃん」「横浜のじいちゃん」など住んでいる場所の愛称で呼んでいることも少なくありません。こうした場合もそのまま表現しては一般の読者にはわかりません。固有名詞で書くなり、説明しておかねば不親切になります。

同じように兄弟姉妹の表現でも注意が必要です。例えば、兄弟のことです。自分の幼少時代を書くとき、いきなり「その時、兄ちゃんに助けられた」といった記述が登場します。またその先の文章で別の兄なのに同じように「兄ちゃんに買ってもらった」と書かれるケースがあります。筆者は書いている時に、それぞれ別の兄ちゃんの顔が浮かんで区別できているのでしょうが、読者は同じ兄かと勘違いします。少なくとも長兄、次兄など区別しないと読み手はわかりません。

自分史を書く場合、早い段階で、自分は男女合わせて何人きょうだいで、何番目であるといった基本的な情報、さらにそれぞれの名前をはっきり書いておくと読者にもわかりやすくなり、自分の頭の整理もでき客観的に書くことができます。

書き洩らしは自明の事柄でよくあります。

夫を亡くし、自分が悲しくつらかったことを一生懸命書いているのですが、いつ、何が原因で亡くなったということが書かれていないことがよくあります。

死亡した日時や原因は本人には自明なのですが、死亡の年月日や原因（事故なのか病気だったのか、闘病期間は長かったのか）が書かれていないと、その悲しみに読者が共感しにくくなります。「いつ」「どうした」という基本情報はあらゆる場面で重要なのです。

いきなり固有名詞が出てくることもよくあるケースです。その人と「一緒に旅行した」とか「病気で倒れられ大変だった」といった長い文章が書かれるのですが、これもその人物が筆者とどういう関係にあるのか、身内なのか、友人なのか説明のないまま書き進められることがよくあります。

筆者には固有名詞を見れば、友人か親戚か、兄弟姉妹かは自明のことなのでしょうが、読者はぼんやりしたまま読む以外なく置いてきぼりを食った気分になってしまいます。

自明のことを書かないのは「新しく知ったことは人に話したくなるけれど、以前から知っていることは話さない」という人間の癖なのかもしれません。新聞記者が「新しい情報であるから記事にしたいのであって、以前から知っていることは記事にする気がしない」というのと似ています。自分史ではそれが顕著に出やすいので最も注意すべきところです。

記憶の薄い「いつ」

自分史特有の問題は「いつ」がはっきりしないケースが多いことです。日記でも残っていたら別ですが、「いつ」というのを明確に覚えている人は少ないでしょう。しかし、「いつ」というのは物事を伝えるのに結構重要な要素です。その事柄が起きた「時代背景」がわかり読み手の理解が深まるからです。

こうした「いつ」を解明するには年表が役に立ちます。その時期に兄弟姉妹は中学生か高校生か、あるいは大学生だったたか、といったことがわかれば年代が絞られるからです。それでもはっきりしない場合は「昭和30年代」と漠然とした時期にするか、自分の年齢を尺度にして「10代のころ」「幼稚園に入る前」とぼんやりした表現にしておけばよいでしょう。正確な年月日がわからなくてもその時代の雰囲気さえわかれば自分史としては十分だと思います。

このように自分史では年代や数字がよく出てきます。

年代には西暦と和暦、数字には漢数字と洋数字がありますが、原則をどちらかに統一して読み心地をすっきりさせるのも大事なことです。

このほか、ちょっとした心遣い、気配りですが、「読み手へのサービス」も考えたいものです。例えば取材させてもらった人や読んでもらいたい家族や親戚、子や孫のことはどこかで固有名詞にして登場させておくということです。こうした配慮をしておくと、後々、自分史の本を大切にしてもらえることと思います。

裏技にコラム

自分史では一つ一つの場面を書くのが定番ですが、あまり書く内容がない時や、思い出がない場合もあるかと思います。そうした場合、その時代の日本の社会情勢をコラムとして書いておくのは裏技として有効です。自分自身の出来事、場面とは直接関係なくても当時の世相や雰囲気など時代背景をにじませることができるからです。

年さえわかればその年の出来事が年鑑でわかります。いま、読売年鑑というのが毎年発行されており、10大ニュースなどがわかりやすく掲載されています。また世界年鑑というのもあって世界中の各国の出来事がまとめられています。図書館で調べることができるでしょう。1年ごとの出来事や世相は、インターネットで調べたらウィキペディアというサイトに載っています。

こうした社会の出来事に対して、当時や今の自分の考え、感慨を記せば立派な自分史の一コマになります。自分史というのは時代を超えてあらゆることがネタにできるのです。

章立てについて

活字離れの昨今、一冊の本をどこまで読んでもらえるか。自分史に限らず難しい問題です。確実に言えることは、構成の良し悪しが読み手をひきつける大きなカギということです。何部構成にするか、また、一部の中でどのような筋書きを描いていくか？　そうした本全体の構成は本来編集者の仕事ですが、そうした工夫をライターもするなら作品の質はうんと上がります。

長い文章を書きながら、同時に構成を考えるのはなかなか困難です。実際には書き溜めた「中の文章」を並べ替え、そこから構成を考えていくのです。自分史の場合、基本は時系列です。以前、書き順と読み順は違うと書きました。今度は読み手になったつもりで書き溜めておいた文章を自分の誕生、幼児期、小学校、中学校、高校というふうに並べ、一度読み返して構成を考えるのです。

面白いところ、面白くないところ、楽しいところ、悲しいところ、難しいところ、うまく書けたところ、書けなかったところ、いろいろあるかと思います。その中で一番ドラマチックな場面が見つかったでしょうか。もしあればそこを章の最初にするようにしてください。最高に面白いなら本の書き出しの第1章でもOKです。

例えば、夫の死が一番ドラマチックならその臨終の場面から始まるようにして文を手直し、亡くなるまでの病状や看病の様子などを続けるのです。そして、その章は夫と自分のことをテーマにし、出会い、経緯、交際の深まりなどを書き連ねその章を締めくくるという手法です。

こうした物語の進行を考える場合「起承転結」「三段構成」といった流れを念頭にしていけば面白く仕上がるでしょう。その際も自分の誕生や両親、兄弟姉妹、家族の説明は早い段階でしておくという「鉄則」は忘れないようにしてください。

前書き、後書き、推敲

本文を一応書き終えたら推敲します。初めの時に6割の出来でほったらかした文章を再度読み返し、書き直してみましょう。新たな記憶が加わったり、修正ができたりするかもしれません。誤字、脱字だけでなく、事実関係の間違い、思い違い、いっぱい不具合があるかもしれません。それが当たり前です。だから必ず読み返してください。読み返しながら書き直し、推敲してください。

身近な人に読んでもらっても構いません。ただ、本文がほぼ仕上がった段階に来るまでは読んでもらわないほうがよいです。それ以前の段階で身内から感想や、あるいはクレームがつくと自分の執筆意欲を削がれてしまうからです。

本文がほぼ終わったら前書き、後書きを書きます。

内容は何でもよいのですが、前書きは「自分史を書きたくなった経緯、動機、理由」というのがオーソドックスです。後書きは「自分史を書いてみての感想、書く前と書き終わっての自分の見方、考え方の変化」というのがよいでしょう。順番はどちらからでもよいのですが、後書き、前書きという順番のほうが書きやすいかもしれません。前書きは読者が最初に読む場所でもあるので平易で親しみやすい文章がよいですね。

第7章　自分史アラカルト

文章にはスタイルがあります。どんな内容にどんなスタイルがマッチするのか考えてみましょう。

自分史の最も一般的なスタイルが三人称形式です。第三者の視点から書いていく形式、新聞記事のように内容を論理的にまとめて話の流れを作っていくやり方です。客観的に俯瞰し、臨場感を入れたり、論評も交えたりします。「私は」という書き出しをしていても三人称形式で話を進めることはよくあります。

もう一つの別の形にモノローグ形式があります。一人語り形式ともいいます。一人の人間が語り続けるやり方なので「です・ます調」が適しています。複雑な内容になった場合、語り口調では表現しにくいケースがあるので、「語彙説明」や「補足説明」の注釈を挟んで補うこともあります。

その他、対談形式、座談会形式など様々な文章スタイルがありますが、マッチするものは内容によって変わってくるので、自分史の種類を見てみましょう。

部分史、体験記、混在型も

私が朝日自分史で作った自分史では「通史」といえるような大作はあまりありませんでした。それよりも軍隊時代だけや40歳までといった一定の時期だけを扱った「部分史」や闘病や紀行文などの「体験記」が目立ちました。

自分史といわれるものを内容別に整理してみましょう。

①通史　半生記
②体験記　闘病記、介護日記、旅行記（海外、国内）、事件・事故体験記
③エッセー集　投稿集、日記、手紙集、詩歌集、画文集
④写真集
⑤その他①から④を混在させた雑多なとりまぜ

便宜上このような分類をしましたが、実際は明確に分類できるものではありません。よく

ある自分史は全体を三人称形式の文章にして写真を掲載するのですが、第1部で生い立ちをまとめ、第2部は旅行記、第3部は写真集といった混在型もあり、各人の中身（コンテンツ）によって仕上げ方が違ってきます。

歌集・句集でも自分史

短歌や俳句、川柳をまとめたいというケースもよくあります。この場合、最も大事なのは順番ですが、それを決めるには1首あるいは1句ごとに分割し並べ替えができるようにしないといけません。その順番も作った年代順か、季節ごとにまとめるのか、あるいは自分の気に入った作品を大きな活字にするのか、コメントをつけるのかといった課題がいくつも出てきます。

もし年代順に並べられるなら、年ごとの社会的な出来事、世相、あるいは個人的な出来事と絡める散文を付けたり、写真を配置するなどいろいろなバリエーションの本を作れます。また季節ごとに分類するなら、季節に合わせた花の絵や写真を添えることもできます。

テーマごとの分類というのも考えられますが、実際にはテーマによって作品数に多寡があり、バランスが悪くなる恐れがあります。

このように歌・句集というものも決して簡単に作れるわけではありません。単に歌や俳句を並べるだけなら読んでもらえないし、作品を味わいにくいでしょう。

歌や句に軽重をつけ、ウエートが高いものは1ページに1首（句）、そうでないものは2、3首（句）など配分の数や文字の大きさを変えたりするとメリハリがつきます。文字の色を変える手もありますが、最初は目を引くものの、何度も見るうちに飽きたり、鬱陶しく思えたりします。

詩歌とエッセーなど韻文と散文を交えて作ることもできます。若い頃に書いた「エッセー」や「投稿」と詩歌を一緒にまとめようとする場合です。ただ並べただけでは違和感が強くなりますから、つながりをよくするため、エッセーに加筆することになるでしょう。同じことは詩歌と手紙、あるいは詩歌と日記など本来別々のものをまとめる場合もいえます。

いずれにせよ、順番を決めるのが最初の大仕事になるでしょう。それだけにノートに書き連ねた短歌や俳句の場合、並び替えできるよう電子データに打ち直すことが必要になります。

対話で夫婦史、グループ史も

複数で作ることも可能です。「夫婦の歩み」なら対談形式、「母と子のヒストリー」なら子どもが母親に尋ねる形式もできるでしょう。

対談形式は会話のやりとりや「質問と答」という形式で話が進んでいきます。構成がシンプルなので読みやすいですが、モノローグと同じように複雑な内容になると注釈が必要になります。話し言葉になるので文章が長くなる傾向もあります。テーマが変わる時のつなぎ方が難しい場合もでてきます。夫婦が二人の自分史を作るなら馴染みやすい形式でしょう。

このスタイルを活用して出版された本に『妻が願った最期の「七日間」』（サンマーク出版）があります。がんになり余命2年を宣告された妻と夫の闘病記です。この本の中に「二人の物語」と題された往復書簡が載っています。抗がん剤で治療中の妻が思い出を語り、それに対して夫が返信するという内容です。

【出会い】２０１６年2月19日記

あなたと初めて出会った日のことを覚えていますか。

18歳の終わりころ、友人の山田直子と一緒に大学の構内を歩いていたら、あなたは、たしか数人の芸研の仲間と一緒でしたよね。「社会学のノートを貸してほしい」と言いました。多分、遊んでいて、あまり授業に出なかったあなたたちが、まじめそうなクラスメートをつかまえる、という感じだったのでしょう。（後略）

《返信》

もちろん鮮明に覚えています。キミは緑色のコートを着て、山田直子と歩いていました。私が誰と歩いていたのかは忘れましたが、キミのことがわからなかったので、多分クラスの仲間と一緒じゃなかったと思います。（中略）とにかく山田直子と一緒にいる目のくりくりっとした女の子という印象でした。（後略）

【大学生活】２０１６年2月24日記

大学のクラスは、アイウエオ順だったので、ミヤモト（宮本）とミキ（三木は容子の旧姓）は隣同士でした。私の前は、ミカミくんでした。そんなこともあって、いつも授業に一緒に出ては、出席の返事も私の次は、あなたでした。（後略）

《返信》

キミと出会ってから、私の学生生活は一変しました。ずぼらでいいかげんな性格のままでは嫌われてしまうかも知れないと思い、できるだけ清潔に、きっちりとしようと努力しました。お風呂も週2回くらいは行くようにして、洗濯も……洗濯は最後のほうはお願いしましたね。でも今と違って洗濯機もお湯もない中での洗濯はたいへんでした。（後略）

こんな風に若かりし頃の思い出を紡ぎながら二人のやり取りを掲載しています。お互い思い出すままを書き綴っているだけですが当時の様子が目に浮かんできます。この本は新聞の投稿文をきっかけに出版されました。「自分史」と銘打っているわけではありませんが、こうした往復書簡を続けていくだけでも立派な自分史になります。

3人や4人で話すスタイルの座談会形式での自分史もできます。この形式は家族やサークルのグループ史に適しているでしょう。親子や兄弟姉妹の家族5、6人で座談する「家族史」も可能です。

ただ、漠然と会話を録音しただけではなかなかまとまりません。会話では無駄なやりとりが多い上、話題があちこちに飛び、録音そのままでは単なる文字起こしの文章になってしまうからです。

テーマをいくつかあらかじめ決め、それにそって話してもらうか、各自が答えを持ち寄る形にし、話した内容をさらに手直ししないと内容が伝わらないでしょう。もし、複数の人の自分史にしようと思うなら、内容にふさわしいスタイルを決め、まとめ役をするリーダーをつくることが大切です。

書いてもらう自分史

時間の関係で、自分では書けない場合は誰かに書いてもらう方法があります。朝日自分史では「取材コース」として顧客をインタビューして作るケースがありました。この時は、元記者が1回2〜3時間のインタビューを3〜5回行って原稿を作っていました。もちろん、インタビューだけでなく、資料を探し出し、写真をそろえておくなどの準備は必要です。質問されることで新たに思い出すことも沢山あるでしょう。

自分史の基本理念は「どんな人生もかけがえがない」ということです。もし、自分で書くことを自分史の必須条件にすると「書けない人」は自分史を作れないということになってしまいます。

書いてもらう自分史であってもそれはそれで自分の総括につながる意味はあります。出来上がった感慨は大きいと思います。

最近の出版では著者が資料を渡し、インタビューをしてもらいブックライターに書いてもらうケースも少なくないようです。自分で書くか、書いてもらうか、どちらを選ぶかは自分の生活スタイル、時間的余裕の有無、気力体力がどれだけであるかというようなことで選べばよいでしょう。

第4部

理念と意義——二人の先駆者

第8章　ある昭和史

人は誰しも歴史をもっている。どんな町の片隅の陋巷《ろうこう》に住む「庶民」といわれる者でも、その人なりの歴史をもっている。それはささやかなものであるかもしれない。誰にも顧みられず、ただ時の流れに消え去るものであるかもしれない。しかし、その人なりの歴史、個人史は、当人にとってはかけがえのない〝生きた証し〟であり、無限の想い出を秘めた喜怒哀歓の足跡なのである。

歴史家色川大吉さんが著した「ある昭和史　自分史の試み」の一節です。為政者を中心としたこれまでの歴史を塗り替え「庶民の歴史」にスポットを当てた画期的な文章ではないでしょうか。NHKのテレビ番組「プロジェクトX」や中島みゆきが歌うその主題歌「地上の星」にも通じる大切な視点です。

この本が出版されたのは1975（昭和50）年。当時の歴史学は客観性を重視し、個人的な体験を歴史に含めることはタブーとされていました。歴史の研究者の間では「無謀」な試みとされたのですが、その年の毎日出版文化賞を受賞し、一躍ベストセラーになりました。

この本の副題になった「自分史の試み」、これが「自分史」という言葉の発端といわれています。２０２５（令和７）年が「自分史50年の節目の年」というのも１９７５（昭和50）年を起点にして数えているのです。

そうしたことから色川さんは「自分史の元祖」といわれるようになったのですが、著書「自分史　その理念と試み」（講談社学術文庫）の中でこうも書いています。

「私は思う。自分史の核心は歴史と切り結ぶその主体性にある、と。自分と歴史との接点を書くことにある、だから〈自分×史〉なのである」「自分の人生の方向を決定づけたような原体験（最も重い経験、その後の経験のもとになったような体験）を記述することによって、その時代の活《い》きた情況——世相、風俗、社会意識やそれに捉えられていた自分の姿を描きだす。やさしく言えば一人々々の庶民の自己認識の記録なのだ」

自分史のありようとその意義として重要な視点ではないでしょうか。

色川さんは２０２１（令和３）年９月７日、96歳で亡くなりました。翌日の朝日新聞には「歴史をつくったのは少数のエリートや英雄ではない。誰もが周囲の人や社会とかかわり、歴史を紡いでいる。無名の人々の精神を掘り起こし、一人ひとりの自分史を束ねた民衆史を書くのが歴史家の使命だ――。それが色川大吉さんの考えだった」との記事を掲載し、その死を悼んでいます。

自分史を語るとき、もう一人忘れてはならない人がいます。色川さんが「実質的に運動を始めた人」と指摘する橋本義夫さんです。橋本さんは1902（明治35）年、今の東京都八王子市に生まれ、色川さんより36年前の1985（昭和60）年に亡くなりました。「もう一人の自分史の元祖」です。

ふだん記運動

橋本さんは「ふだん記《ぎ》運動」という庶民の文筆活動を広げた人です。「文章は特権階級や文章職人のものでなく、万人のものである」との意識から「美文や名文にこだわらぬ誰でも書ける文章」をめざして草の根の運動をしました。「ふだん記」というのは裃《かみしも》を脱いだ「ふだん着」で文章を「記そう」という趣旨の造語です。「みんなそれぞれ生活という、自分たちの労働着をもっている。また、その下には、だれでもほとんど同じ人間性がある。この労働着と人間性を、自分で書き、それを文章にするのが《ふだん記》である」というのです。

橋本さんは当初、自分史という言葉は使わなかったのですが、1978（昭和53）年に『だれもが書ける文章「自分史」のすすめ』（講談社現代新書）を著し「庶民は、自分を書き始めるところから文章のスタートを切る必要がある」（中略）「何よりも自分の生活、体験を書くことを第一とする」「それには何といっても自分の生いたちを書くのが、一番よい」と自分史を積極的に推奨しています。

この2人の「元祖」から見えることは色川大吉さんが「庶民が生きた記録」に重点を置き、橋本義夫さんは「自らが文章を書く意義」を強調していたことです。自分史に内包する二つの流れ「社会の中で」と「どのように生きるか」を追究する「魂」が見えてきそうな気がします。

「ふだん記」運動は戦前・戦後の生活綴方教室などにも通じます。最初は八王子を中心とした運動も全国に広がりを見せ、北海道から九州、沖縄まで各地に支部ができました。また自分史友の会なども各地にできました。

色川大吉さんの著書『〝元祖〟が語る自分史のすべて』（河出書房　2014〈平成26〉年発行）記載の「ふだん記」グループや自分史友の会34カ所に活動照会したところ、橋本義夫さんの親族が継承している「ふだん記雲の碑」を始め「ふだん記全国グループ」「ふだん記関西」の他、北海道、高知などでも現存していました。また愛知県春日井市には3カ所もあり、合わせて全国で十余のグループが確認できました。

広がる草の根

戦争体験を伝えようと「孫たちへの証言」シリーズを刊行した大阪の「新風書房」は関西での自分史活動の草分け的存在です。このシリーズは、市民から公募した戦争体験をまとめたもので1988（昭和63）年から始まり2020（令和2）年までの間に33集を発刊しました。主宰していた福山琢磨さんは独自に講座を開催するなど、自分史の普及にも携わり、2024（令和6）年10月6日、老衰のため90歳で亡くなりました。

こうした個人の体験を記録する活動は草の根運動ですから消長はありますが、自分史に携わる人たちはそれぞれの立場、かたちで精力を注いでいることをうかがわせます。

自分史は1987（昭和62）年にNHK学園が通信講座をスタートさせ、全国的に広がりを見せます。1980年代後半はワープロ、さらに90年代のパソコン普及といった文章作成手段の変革時期でもあり、自分史もその影響をうけていきます。

自分史を地域の活性化にも使おうとする動きも出てきました。1998（平成10）年には愛知県春日井市が「全国自分史フォーラム」を開催、千人もの参加者を集め、その翌年には自分史センターを開設しました。このセンターは全国の自分史を集め、貸し出しもしています。春日井市に自分史グループが三つという際立った数があるのもこうした自治体の影響があるからでしょう。

このほか、自分史の普及と活用をめざす「一般社団法人　自分史活用推進協議会」（事務局・東京）が２０１０（平成22）年７月７日に設立。同協議会は発足以来「自分史で日本を元気に」をスローガンにしていましたが２０２４（令和６）年から「自分史で社会を元気に」に変更しました。自分史のアドバイザーが日本だけでなく海外にも誕生していることを考慮したそうです。自分史の広がり、発展を物語るようです。

第9章　内面見つめて

かつて上をめざして
らせん階段を昇りました
キリのない上昇の旅に疲れて
こわごわ降りてきました
そのあと
前を目指して
回転ドアを押し続けました
キリキリ舞いして
前進の旅をやめたとき
やっと出口がみつかりました
そしていま

少しずつ　心の井戸を
掘りはじめました
ギリギリの選択の旅です
鈍行列車の出発です

大阪在住の詩人・里みちこさんの「こころの旅」という作品です。この詩を読むと自分の気づかなかった心の動きを見透かされた気分に襲われます。受験戦争の中で、少しでも上の学校をめざし、社会に出てからは他人より早い出世を望んでいた若い頃。そんな力んだ生き方がようやく「心の井戸を掘る」大切さに気付かされたのです。過去を振り返ることは「心の井戸を掘る」ことであり、「本当の心とは何か」という自分探しの旅でもあるのです。

自分探し

人が自我に目覚める思春期。無心に食べ、無心に遊んでいた少年少女時代が終わり、大人が嫌いになり、社会の矛盾に怒りが芽生えた時期がありました。人に恋し、打ち明けられないまま失恋し、適性がわからないまま就職し、目の前の異性と結婚した青年時代。「隣の芝生が青く」見え、出世競争に敗れ、借金を重ねた時期もあったでしょう。他人からは順風満帆に見える人生も、当人にとっては人知れぬ苦難と苦悩が山ほどあるに違いありません。ましてや、貧困や病気に打ちひしがれた人生を送っている人にとって自分へのもどかしさ、悔しさ、哀しさは人一倍でしょう。

「よし、これこそ自分の人生だ！」と自分の生きてきた道のりに心から納得できる人は果たして何人いるでしょう。「生きがい」「満足度」など精神的な「内面」を考えれば、どこまで行っても「自分って何」「自分の人生は何だったのだろうか」の問いは消えません。

私が２０２１（令和３）年に京都市内の生涯学習講座で自分史の作り方の研修講義をした時、60代から70代の多くの方が参加の動機を「自分探し」と話しておられました。いくつになっても「自分」との対話は完成しないものだというのを実感しました。

反省と内省

「反省」と「内省」という言葉があります。「反省」は過去の自分の行動や言動、心の在り方に間違いがなかったかよく考えること。主に失敗をした時といった部分的な振り返りという意味です。それに対し「内省」はもっと広く自分の心の動きや状態を顧みる、言い換えれば自分の全体を見つめなおす、自分と向き合って自己観察をするという意味です。

「執筆のコツ」の項目でも触れましたが、受験校を決める時や高校生活の悩み、大学受験、大学生活、子どもから大人へと移る端境期の戸惑い、社会人としての生活ぶり、結婚のありようなどたくさんの局面を振り返ることを示しました。こうした回顧が内省につながっていくのです。

自分の過去に向き合ってみると「自分が求めていたものは何か」「本当に好きなものは何か」「得意なことは」「自分の強みは何か」といったことがだんだん見えてくるはずです。自分の性格や特性も改めてわかってきます。同時に社会の動きと自分の立場の関係も理解が深まってくるでしょう。また、そんな自分に沿った生き方をしてきたか、これからはどう生きたらよいか？

自分探しというのは過去を知るのがもっとも確実な方法です。そこから新たな記憶が呼び起こされ、何でもない当たり前だったことが違った色に見えてくることは少なくありません。過去は変えられなくても見方によって解釈のやり直しはいつだってできるのです。

これまで恥だと思ってきた経験も、よく考えれば、人生の糧や反面教師になっていたと理解できるでしょう。

振り返る意義とは、そこから見いだされる「素《す》の自分」発見です。自分の性格、経験、体験、体力、気力、能力、考え方、そうしたあらゆる側面から見出すものです。その姿は、以前自分が想像していた姿とどこか違うはずです。それこそが「ありのままの姿」と言えないでしょうか。背伸びや力みをやめ、不安や葛藤を通り抜けた等身大の自分。自分史を書く時に行う「振り返り」の意義はここにあるのだといえそうです。

「普通の人」の味わい

2015(平成27)年にスタートした大阪本社の朝日自分史事業で、私は8年間自分史の本を作る仕事に携わりました。その多くは「持ち込みコース」といって顧客の文章を元に本を作るものでした。

果たしてどんな文章が持ち込まれるか?

初めに想像していたのは「サクセスストーリー」でした。ドラマでもノンフィクションでもよくある「沢山の苦労を重ねた上、やがてやってくる成功」という筋書きではないかと思ったのです。

しかし、そんな予想はあっという間に消えました。「夫を亡くしたので思い出を自作の短歌と一緒に本にしたい」「父が残した戦時中の手記と自分のサラリーマン時代の思い出を一冊にまとめたい」「日記や手紙を一緒にまとめて自分史にしたい」……。持ち込まれる文章は千差万別でしたが、ありふれた日常の暮らしやささやかな趣味の話など「普通の人たち」、市井の庶民の話でした。自慢や手柄話、出世話などめったにありませんでした。

アマチュアの原稿ですから、手直しや構成替え、加筆、添削が必要な箇所はいくつも出てきます。さらに見出しをつけ、写真とその説明を配置し前書き、後書き、目次を付け、最後に本のタイトルとカバーデザインを仕上げて完成させます。

実際、持ち込まれた文章と、仕上がった本はかなりの違いがあるのですが、ほとんどの人は「こんなに立派になって」「ここまできれいにできるとは」と嬉しい声を上げてくれました。そこには「うまく表現できない部分を補ってくれた」「言いたかったことはこれだった」といった満足感があふれているようでした。何か忘れ物を見つけたような、のどに引っかかった棘がとれたような顔つきも沢山ありました。自分史は「普通の人」「庶民として」の味わいに値打ちがあることを改めて感じました。

第10章　魅力に迫る

人生がたった一つしかないように自分史もオンリーワンの世界です。だから「優劣がない」「競争がない」世界です。自由気まま、心地よい究極のパラダイスといえないでしょうか。「みんなちがって、みんないい」という金子みすゞの世界でもあります。書くネタは自分自身ですからいくらでも埋もれています。それを思い起こし、よみがえった自分を再構成する。きっと「自分の人生ってのもまんざらでもないものだ」という自己肯定感が湧き、もう一人の自分を発見できるでしょう。

謎解きの面白さ

謎解きの面白さは自分史の大きな魅力です。自分の父母のことを、どれぐらい知っていますか？　自分の父母がいつ、何歳の時に結婚し、いくつの時に自分が生まれたのか、意識したことはありますか?

実は、私も自分史を書いてみようと思い両親のことを調べたら、何と父が手記を残していたことがわかったのです。私は次男だったので知らなかったのですが、兄がそれを持っていました。もちろん断片的なものですが、父は10歳の時満州(現在の中国東北部)の大連にわたり、そこで幼少時代を過ごしていたことがわかったのです。

私が子どもの時、よく訪ねてくる人がいたのですが、その時はどういう関係の人かわかりませんでした。でも実はその満州時代の知り合いだったのが今になってわかったのです。記憶にある人々の顔がどういう関係の人かわかってきたら、その人らへの親近感もぐんと増してきます。また、昔の写真も単に懐かしいというだけでなく、背景がわかるので潜んでいるその時代の人々の思いが伝わってくるのです。

手記がなくても古い親族や親戚に昔のことを聞いたら同じように知らなかったことがいっぱいわかります。両親がよく言っていた口癖、こだわりの原因がわかったりします。不思議に思っていたことなど、一気に謎が解けるかもしれません。

終活に一役

自分史を人生の総括と考えれば「終活」の一環ととらえることもできます。

自分史作りは、手足、頭を使うので若さを保つ秘訣になります。回想は認知症予防に役立ち、若さを保てるという科学的知見もあります。

次の三つは具体的な効能として実感できるメリットです。

1　伝達し、残せる　当たり前のことです。しかしこれが意外と難しいのです。今のご時世、家族団欒《だんらん》がなくなりました。塾、お稽古事、今はさらにスマホが団欒を妨げています。目の前に子どもがいてもスマホばかりして話なんか何一つ聞かないご時世。本という形にすれば残って伝えることができます。本は手近に置けてすぐ読めます。地域の図書館に送るか春日井市の自分史センターで保存してもらう手もあります。国会図書館でも保管してもらえます。

2

身辺整理　今は物が圧倒的に増え、油断したらすぐごみ屋敷になってしまいそうです。処分を業者に頼んでも、捨てるものの仕分けは自分でしないといけません。しかし、その仕分けは大抵後回しになってしまいます。

整理収納アドバイザーという人の話を聞いたのですが、身辺整理で大切なのは決断力と実行力だそうです。自分史を作ると、その決断力は確実に増します。写真にしても親世代の写真になったら誰かわからない。人間関係がわからないと仕分けができない。それが自分史を作ることで、謎解きができ、仕分けができる。価値判断ができるようになる。自信を持って捨てるものがわかるというわけです。

自分史に使うための写真整理でしたが、それは生前整理にも役立ちます。取捨選択した時に思い出を喚起しない写真は自分にとって重要でないことを意味するのではないでしょうか。

デジタルカメラが普及し始めたのは２０００年ごろといいますから、それ以前のフィルム写真はネガも残っているかもしれませんが思い切って捨てて大丈夫です。ポジの写真さえあれば、デジカメで簡単に複写ができる時代になりました。

年賀状もこうした思い出が残るもの以外は処分対象になると考えられないでしょうか。自分史を通じて整理した判断基準は生前整理、ひいては終活開始の大きな一歩になると思います。

3　人との交流　今の世の中、長い間音信不通だった人に急に電話したら不信がられます。借金でも頼んできたのか、と誤解されてしまうことだってあるかもしれません。でも、自分史を書きたい、というと立派な理由が立ちます。また、記憶を辿りあっていたら、知らなかったことを教えてもらったりもします。私も中学時代の友達と数十年ぶりに出会って話したら、その友達は私が知っている同級生の女性から付き合ってくれと言われ高校時代まで付き合ったという話を聞かされびっくりしました。こんなふうに取材を通じて旧交を温めれば、交流が広がります。出来上がったら、配る時にまたまた交流が生まれます。同窓会にでも持っていけば、そこから新しい話題も広がるでしょう。

第5部 本の基礎知識——工程と構造

第11章　三本の矢

私は本の編集が本職なので印刷・製本の詳しいことは知りません。それぞれ出版社や印刷業者の独自のやり方があり、用語にもバラつきがあるようです。ここでは、朝日自分史時代に学んだ基本的な制作工程を紹介します。「持ち込みコース」という顧客が書き上げていた文章を本にする場合を例にします。

編集の第一関門である「原稿整理」という作業から始めます。

実際に持ち込まれる原稿は玉石混交です。意味が不明な箇所も少なくありません。文章全体の趣旨が通るように構成し直し、原稿全体の骨格を作るのです。

それをするためには個々の文章の誤字脱字の直し、添削、加筆、さまざまなことを行います。後半になると、写真の修正、配置、組版作りなどの作業も加わります。

原稿整理といっても、内容的整理、誤字、脱字の直しや表記の整理、本にした時の仕上がりを意識した制作的整理といったさまざまな側面での整理が混然一体となって行われるわけです。終盤ではカバーや表紙のデザインを作り始めます。これがざっとした全体の流れです。

本を作るのは電子データでのパソコン作業が中心になります。最初の文章はワードで作り、その後インデザインやイラストレーター、フォトショップなどの製本や写真ソフトを使ってゲラ（製本原稿）を作ります。印刷に入るまでの仕事の分担は編集者、校閲者、デザイナーという最低3人態勢で行います。いわば「三本の矢」の力です。

昔は活版印刷といって印刷屋さんが鉛の活字を集めてそれで文字を組んでいましたが今はコンピューターでデータを写し取りそれを紙に印刷し、製本しています。自分史の場合部数が少ないのでオンデマンド印刷（注文印刷）する場合が多くなっています。

本ができるまで

工程の詳細は次のようになります。

①原稿作り

パソコンの文書作成ソフトを使って文章を作ります。朝日自分史ではワードを使っていました。顧客が最初からワードで作ってくれればよいのですが、手書きの場合は打ち直します。

②突き合わせ

元の文章とワードで打ち直した文章が同じかどうかチェックします。基本は原文尊重ですが、誤字・脱字がありますので筆者と相談して正しい字に直します。表記について、漢字にするかひらがなにするかという表記統一もできるだけしておきます。付き合わせは校閲担当者が行います。

③ワード原稿のチェック

ワード原稿を編集者が精読し、意味不明箇所、矛盾箇所、疑問点をチェックし、筆者にただしながら正原稿を作っていきます。また本の1ページの大きさ（判型）や、組み込む文字の大きさ、1行の文字数、1ページの行数、といった体裁を決め、ワードでレイアウトします。やっと読みやすい原稿のかたちになります。

④章立て

筆者がうまく構成できているケースはめったにありません。正原稿を元に全体の構成を編集者が考え、筆者と相談します。1部制か2部に分けるか3部制か、章はいくつに分けるか、テーマのつながりを考え、全体の流れがスムーズになるよう構成します。これで文章全体の骨組みができた段階です。

⑤初稿

骨組み原稿を筆者に戻すとともに校閲担当に渡し、編集者ともどもさらに文章全体の誤字・脱字、差別用語のチェックをし、さらに著作権で懸念のある箇所も点検します。校閲としては最も力を入れる第一関門です。

⑥再稿

初稿の直しをさらに筆者と校閲部門で再チェックして直します。別の作業として掲載する写真に説明をつけます。

⑦ゲラ作り

再稿した文章に写真などを配置した原稿（ゲラ）を作ります。この段階で本文の体裁やページ数がほぼ製本時と同じになります。できたゲラ（初校ゲラ）は筆者と校閲担当者に渡し、編集者ともども再点検します。

⑧初校ゲラ直し

初校ゲラを編集者、校閲で再び直し、再校ゲラにします。

⑨印刷・製本

再校ゲラ点検。直し箇所がなければ印刷・製本に回します。

ゲラ作りの段階でソフトが変わります。ワードのデータを製本ソフトに移し替え、印刷向けにデータを作成するのです。

本というのは紙を裏表印刷しそれを綴じて一冊の本に仕上げています。これに対しワードの文章は、綴じることを想定していないからです。

この段階で文章を実際に触る作業が編集者からデザイナーに代わります。製本ソフトを操作できるのはデザイナーだからです。手作業なので間違いが発生することもあるのです。またゲラ段階で初めて写真を組み込むので、文章の行が動きます。校閲のチェックをゲラでも2回行うのはそうしたことが理由です。

ざっとこんな工程で印刷に回せば3～4週間後には本となって出来上がってきます。

本の構造

文章が本に仕上がっていく主な工程がわかったところで、今度は本そのものの構造をご紹介します。箱入りの豪華な本から手軽な文庫本まで種類はさまざま。ここでは朝日自分史で作ってきた本を中心に説明します。専門的なことは編集のプロに任せればよいのですが、基本的な知識は持っておくにこしたことはありません。

まず、外装も含めた本の構成です。

まず表装。第一に目を引くのが表紙です。詳しくいうと表の表紙と背表紙と裏表紙の三つの部分からなり、それが一体になっています。表紙の平になった部分を平《ひら》といいます。この表・背・裏の3表紙一体を包んでいるのがカバー、ジャケットともいいます。そこには美しい絵や写真が掲載され、本のタイトルが書かれています。本が魅力的に見えるか見えないか、読者が読む気になるかならないか、に大きく影響する「本の顔」です。本全体のイメージを作る大切なところです。

背表紙の厚さは本のページ数によって決まってきます。厚さのことを「束《つか》」ともいいます。カバーの紙の大きさは本の厚さによって変わり、デザインの図柄にも響いてきます。担当するのはデザイナーや装丁家になります。

表紙を1枚めくると右側は表紙の裏に当たり、見返し（きき紙）といいます。その左側に空白の紙が1枚入っていることもあります。これも見返しの一種で「遊び紙」ともいいます。この見返し部分は著者がサインする場所によく使われます。

次のページを本扉といいます。本扉には本のタイトルと筆者名が書かれています。いよいよ本文入りです。

本文の書かれているページを見てみましょう。

日本語の本は縦組みと横組みがあります。縦組みはページを右方向へ開くので「右開き」横組みは左へ開くので「左開き」といいます。ここでは一般的な縦組み、右開きを例に説明します。

本文部分を見ると活字がずらりと並んでいるところとその周りの余白があります。活字が並んでいる部分を業界言葉では「版面《はんめん》」、「はんづら」ともいいます。本の主要な中身である文章が流れ、写真が置かれる部分です。1ページに入る行数と1行に何文字入るかはこの「版面」の大きさできまります。文字は版面の内部だけですが写真や表は版面を外にはみ出して掲載することができます。

余白を見ると、そこにはページ番号があります。ページ番号をノンブルといいます。右上、左下、あるいは下の真ん中などに書かれます。もう一つ上か下の隅の方に小さな活字で書かれているのを柱といいます。章立てされた章のタイトルを書き、読んでいるそのページは何という章であるかを示しています。本のページ構成はこれが基本です。その他細かい本の部分の名称は図8~10に示しました。

図8

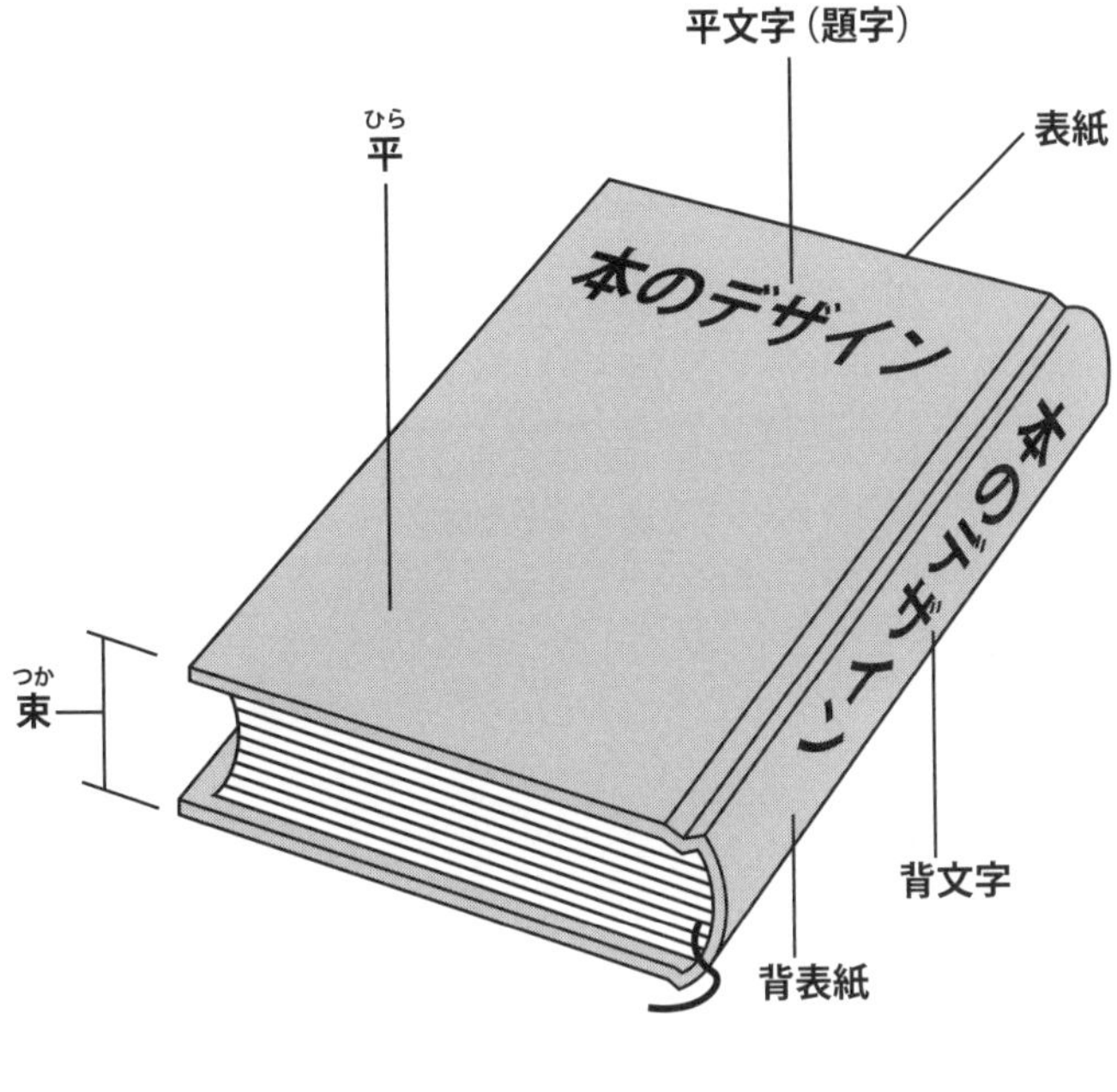

図9

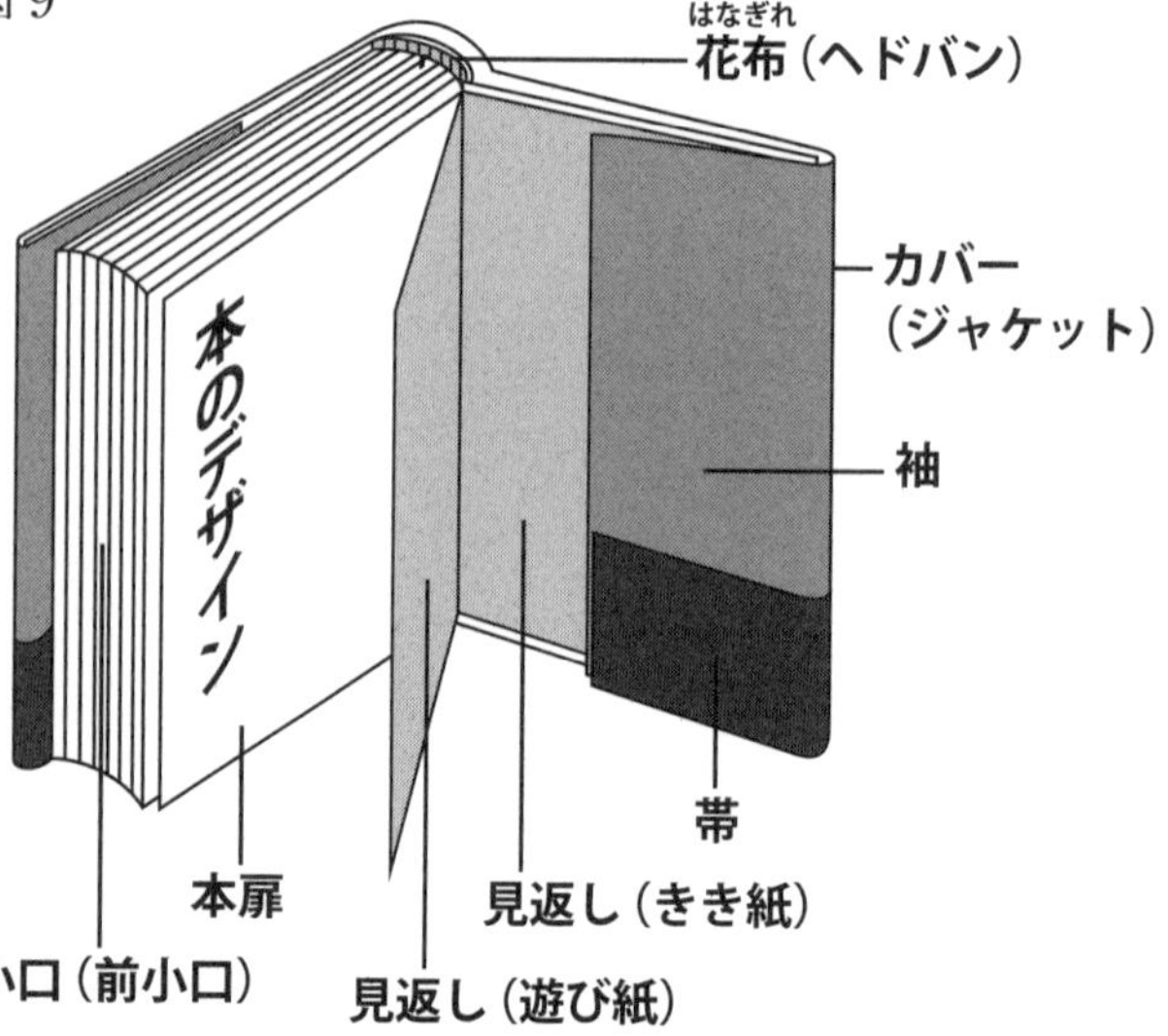
花布《はなぎれ》(ヘドバン)
カバー
(ジャケット)
袖
本のデザイン
帯
本扉
見返し(きき紙)
小口(前小口)
見返し(遊び紙)

図10

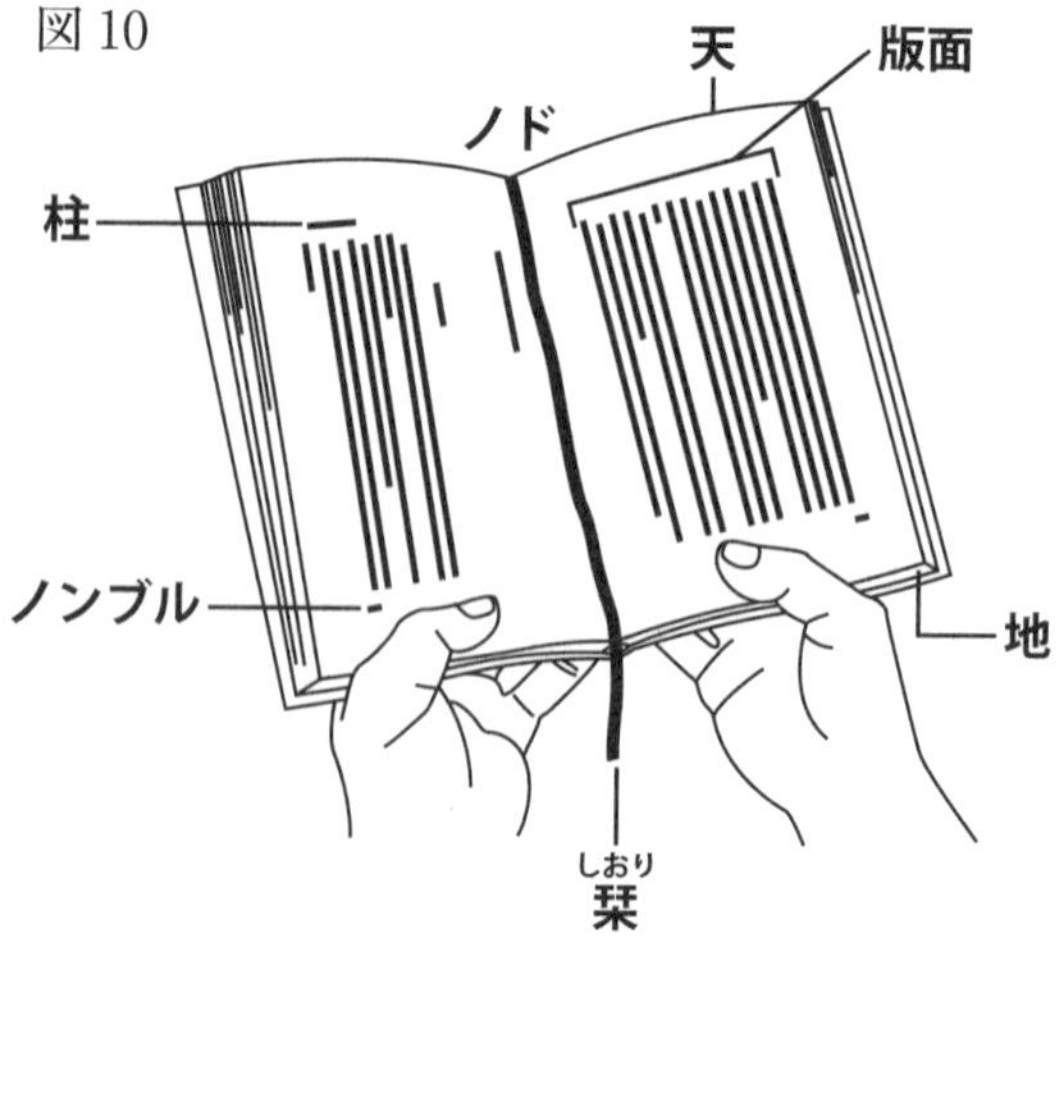
天
版面
ノド
柱
ノンブル
地
栞《しおり》

内容の順番

今度は内容ごとの順番を見てみましょう。

本のタイトルと著者名が書いてある本扉をさらに1枚めくると「まえがき」があります。その後は目次になります。目次の次は「中扉」があります。本のタイトルだけを書き、著者名は書きません。

時々気になるのが「まえがき」が先か目次が先か、ということです。基本はまえがき、目次の順なのですが、内容によっては逆のほうが読みやすいこともあります。まえがきと本文がうまくつながるなら、目次、まえがきの順でもOKです。こうした順番は本文の構成とも関係する編集の肝でもあるのです。

要は読む時の呼吸が整うように「間」をどうつくるか、です。表紙のタイトルを読んで、ページを繰って「さあ、いよいよ始まるぞ」という読者の意気込みや心理状態を考慮し、どちらが読む気になるかを考えて決めるのです。

本文に入る際「章扉」を設ける場合があります。テーマを際立たせます。1部は生い立ち、2部は旅行記といったように内容が激変する構成の場合は効果的です。扉の裏は裏白（白紙）

が標準ですが、写真や図版、あるいはその章のサマリ（要約）を入れるなど編集者が腕を見せる場でもあります。

本文が終わると「あとがき」があり、最後は奥付《おくづけ》です。書名、発行年月日、版数、刷数、著者名、出版社名とその所在地・電話番号、印刷会社とその所在地などを書きます。著者の写真や略歴を付けることもあります。

書籍は、小説や学術書など中身はさまざまですが、一般的な書籍の基本は大きく「前付」「本文」「後付」となり、次のようになります。

①前付　扉、口絵、献辞、推薦の言葉、序文（まえがき・はしがき）、凡例、目次、図版目次
②本文　中扉、本文
③後付　付録、あとがき、索引、奥付

この中で不要なものは省きます。本作りは本文の原稿を作るだけでなく、こうした要素を含め、表紙、目次から奥付まで一切合切含めての作業を指します。通常、編集者はこの全体を目配りしながら采配します。企画から演出までこなす意味でプロデューサーとディレクター両方の要素を担っているといえるでしょう。

第6部 より良き自分史——読まれるために

第12章　長尺文の難しさ

1冊の本を作るにはそれなりの長さの文章が必要です。100ページの本を作るとして、そのページ数に入る活字の量はどれぐらい必要なのでしょうか。多く使われる一般的な判型の四六判を例にとれば、1ページに大体500文字が入りますから、100ページ（厚さ約8ミリ）の本なら5万字、200ページの本（厚さ約12ミリ）なら10万字の分量が必要ということになります。

では、普通の方が普段書く文章というのは一体どれぐらいの長さになるでしょう。現代はパソコンの文書作成ソフトで作ることが多いでしょうが、この場合1ページには約1400文字が入ります。大抵の場合A4判で1ページから2ページ、長くても4、5ページでしょう。そんな人が5万字もの文章を書くということは並大抵のことではありません。200ページあれば本らしい本といえますが、その分量10万字といったら400字詰めの原稿用紙で250枚分になります。この長さの文章を書いた経験がある方はなかなかいません。長い年月で書き溜めてやっとこれぐらいの分量になるというのが大半でしょう。最初は勇んで書き始めても2、3日すればその大変さに気がつくはずです。また、書き進んでいくうちにどこかに迷い込んで自分が何を書かねばならないのかわからなくなったりします。

文章を書くことは孤独な作業です。孤立した中で相当の根気が要求されます。技術的なサポートだけでなく、励ましなどの精神的な支えも必要です。プロの作家でもなければ大抵挫折してしまいます。

良い自分史とは

ところで「良い自分史」とはどんな自分史を指すのでしょうか。私なりに考えると①納得できる②間違いがない③読んでもらえる――ざっとこんなところでしょうか。

「納得できる」とは自分で気に入るということです。そのために大事なことは「自分の言葉で」「自分の能力で」「自分の出来る範囲で」書くことです。美文や名文を目指す必要はありません。

「ふだん記運動」の橋本義夫さんは1908（明治41）年に小学校に入りました。しかし学校とは肌が合わず、教科書を見ると嫌悪感が湧いて読む意欲さえもてなかったそうです。そのため学校も先生も嫌いで手を挙げたことも褒められたこともなかったと言っています。

その橋本さんが文字に目覚めたのは16歳のころ。教科書以外の本を手にし「うすっぺらな本の中にも、つきせぬ情があり、真理もあり、役立つことがある」と気づき読書運動を始め、55歳になってから書く運動「ふだん記」を始めたのでした。

その神髄を「名文や美文などを模範にして劣等感をもたせ、文章を書くことなど不可能と思いこませることは、大まちがいだ！　万人に文章を書かせよう」「万人は万人の言葉で話してよい。万人は万人の自己流の文章でよい。（中略）人に分かるように書けばそれでよい」と著書で述べています。

さりげなさに輝き

私が朝日自分史時代に担当した人に終戦直後に生まれた男性がいました。小学校の時の成績は最底辺で中学卒業の学歴しかありませんでした。しかし、自分史をまとめたいと小さい時からの思い出を少しずつまとめ、見出しを付けて文章に綴っていました。

極貧の中で「幼少時代」

6畳一間に母、姉、兄、私、弟がひしめき合って、生活をしていました。大きな箱を見上げて、何の感情もなくただ立ちすくんでいたのは3歳の時でした。父が胃がんで亡くなり棺が置かれていたその周りには、飾るものもなく誰一人いませんでした。その時は父の棺であるということは知る由もありませんでした。

裸電球の下で

母と裸電球の下で刷毛に糊をつけて袋を作る内職を手伝いました。朝ごはんは味噌汁と御飯だけ、味噌汁には具が入っておらず、お椀の中の味噌が沈むと丸くなるのを見て「卵」って喜んだのを思い出します。

正月の思い出

学生服は誰かのお下がりでしたが、元旦に起きると真新しい下着が枕元に置かれていました。下着の新品を着るのは1年に1度だけでした。みかんを火鉢の周りに並べて炭火で手を温めながら食べるのと、芋するめを網に乗せて焼いて食べるのが私の正月でした。お年玉をもらった記憶もありません。

さりげない、何気ない文章ですが、私はとても好感を持ちました。短いながらもしっかり場面描写があり、心の中や当時の雰囲気がにじみ出ています。手直しは必要でしたが、これらの文章は、結局200ページを超える立派な自分史の本になりました。

体裁に配慮

「納得できる」ためのもう一つは「体裁をしっかりする」ということです。印刷・製本までしっかり仕立てることです。それも安っぽい体裁でなくある程度見栄えがするデザインがお勧めです。

製本せずに原稿用紙をホッチキスで止めたまま、あるいはノートに残したままでよい、という人もいますが、それでは紛失したり、捨てられたりする懸念があります。自分の人生ですから「安っぽくしない」ためにも是非、一定の水準は保つことをお勧めします。

次の「間違いがない」。神ならぬ身、これは「言うは易し」ですが、とても難しいことです。誤字、脱字は何回も点検することである程度は防げますが、記憶違い、勘違い、事実誤認はなかなか避けられません。防ぐためには準備段階でしっかり年表、家系図を作っておくことでしょう。

もともと自分史の文章というのは断片的な記憶の間を想像力で埋めるという宿命もあります。また、文章という性格上百%を表現できるわけでなく「近似値」でしかないわけです。新聞だって毎日のように訂正記事が載っています。間違いを恐れず「人事を尽くして天命を待つ」精神で向かうのが最適かもしれません。


最後の「読んでもらえる」も難しいことです。まず、編集・レイアウトがしっかりしていること。親切な印刷業者だと、ある程度のレイアウトや誤字などでアドバイスしてくれるかもしれませんが、基本は印刷・製本ですから中身に沿ったレイアウトは期待できません。

自分史の場合、読者は身内や親族、友人、知人が多いでしょうが、読み通してくれる保証はありません。読み出し、読みやすい順番、見栄えの良いレイアウトなどを力のある編集者が担わないと読みやすい本は作れないのです。

最近は「どうせ読まないから本を送ってもらっても困る」と公言する人もいて難しい問題です。

私も自分史の本をいくつかを読みましたが、読みやすく読み通せる本に出合ったことはあまりありません。どうしても筆者の想いが前に飛び出し、独りよがりになってしまうのです。戦中戦後の苦しい体験などを伝えたい思いが深いのでしょうが、時代の雰囲気がわからない若い読者は読み出しからつまずいてしまうのです。

二人三脚で

解決策の一つは優れたプロの編集者についてもらうことです。

本を作ることは文章を書くこととイコールではありません。誤字、脱字のチェックだけでなく、判型、活字の大きさによる分量計算、表紙、目次作りなど専門的な知識が必要になります。また読者の立場に立ってわかりやすいかどうかという筆者と違う視点が求められます。さらに書かれた文章あるいは写真などを読みやすく配置するセンス、企画力も必要です。

自分一人で出版しようと思ったら業者と対等に渡り合える編集の知識がないと意向に合った本ができません。自分でできないことは人の力を借りるのが早道です。二人三脚です。

編集者は「原稿整理」という作業の中で誤字、脱字を直しながら、読みやすいよう構成し、添削をします。しかし、それは表面的な仕事の一部であり、本当に重要なのは、筆者が訴えたいことをつかみ取り、それを文章化できるように筆者を誘導することなのです。書かれた内容を手直しするよりも、書きされていない内容、書き洩らしている部分を発見し、加筆していくことが大事なのです。

そのためには筆者の文章を何度も読み込み、面談を通じて筆者の思いを聞き出し、文章の趣旨を読み取り、確認する作業が必要なのです。

自分史や自費出版で「原稿さえ送ってもらえれば大丈夫です」と面談もしないで本を作ってしまう業者がいますが、私にとってはとても信じられないやり方です。

精神的にもサポート

編集者はこうした文章作りに沢山の労力を使いますが、同等に大切なのは人間関係です。必要な資料を探したり、筆者を励ましたり、など様々な役割が必要です。筆者と編集者はまさに「戦友」のような関係です。「自分史作り」という長いマラソンの伴走者であり、力強い応援団なのです。

プロの作家であっても編集者がついて一つの本を作っていくのですから、一般の人がたった一人で本を作れるなんてことは思わないほうが賢明ともいえるでしょう。

では、よいサポーター、編集者の能力はどんなものをいうのでしょう。私なりに考えるとこんなものになりました。

1　企画力＝全体を見渡し、文章の順番を整える（起承転結、三段構成など）、文章の書き分け（コラム、注、登場人物欄、あらすじ欄創設など）、書き出しの工夫、章立て、目次作りをする。

2　語彙力＝誤字、脱字、常用漢字、送り仮名、現代仮名遣い等のチェック、著作権のことにも目配りができる。

3　要約力＝タイトルを考える。見出し作り、文章に読みやすさ、親しみやすさを加える、加筆、代筆ができる。

ところがこうした力量のある編集者がどれだけいるのでしょうか。プロと銘打っていてもその力量はさまざまです。

ある人が大手出版社にエッセーの原稿を送り、出来上がった本を読んだことがありますが「まえがき」も「あとがき」もなく、「あとがき」にふさわしいような文章をエッセーの一つとして組み込んでいる例を見ました。

新聞社や出版社、あるいは個人業者が手がけている「自分史制作事業」や「自費出版事業」でも、どこまで丁寧に編集しているのでしょうか。最初にまとまった文章が製本の段階でどのようにブラッシュアップされたかは結果をみないと分かりません。

業者によってはページ数をあらかじめ設定して、そこに文章を押し込んで作るケースや、チェックの回数に厳しい制限があったりし、思い通りの本に出来ないという苦情も聞いたことがあります。

優れた力量を持ち、丁寧に扱ってくれる業者がどこにどれだけいるか、は今後の自分史発展の大きなカギを握っているように思います。

思い立ったが吉日

自分の人生を振り返り今後の生き方の糧にする。自分史の意義を話すと多くの人は賛同してくれます。しかし、だからと言ってすぐに書き始める人はなかなかいません。趣旨は理解できても実践にはすぐに結びつかない見えないハードルがあるからです。

①誰もせかさない
②損得に関係しない
③大変そう

要するに、自分史作りは「不要不急」の作業だからです。書かなくても誰にも迷惑をかけない。書いて儲かるわけでなく、書かなくて損をするわけでもない。それどころか労力と時間ばかりかかってしまう。これらは自分史を書きたい人にブレーキをかける見えないハードルです。日々の忙しさに紛れていたらいつまでたっても後回しになります。「来年考えよう」と言っていたら来年も同じことを言っているでしょう。

これまでの経験から言うと自分史を作るには3年が相場ではないかと思っています。もちろん集中的に作業を行えば期間の短縮はできるでしょうが、準備1年、執筆1年、編集・印刷・製本に1年というのが平均的なところです。

プロの作家でないアマチュアの身で、自分史作りのネックの一つは「時間的余裕がない」ということでしょう。家事や子ども、孫の世話などに追われながらの身ではまとまった時間が潤沢にあるわけではありません。

思い立ったらすぐ開始。今ほど若い時はない、ということを考えて決断することが肝要です。

エピローグ――新しい文化へ

文学史的には自分史のルーツは平安時代に書かれた菅原孝標女《すがわらのたかすえのむすめ》の「更科日記」といわれています。これは「回想記」であることからも「自分史」といってよいかもしれません。

しかし、「自分史」という言葉が使われていようがいまいが、表現行為というものはすべて「自分」から出ているものです。小説でも、エッセーでも、詩歌でも、それぞれ個人の人生の中で得た喜怒哀楽や思いを書いてあることがほとんどでしょう。

弁当、成長、愛犬自分史も

自分史というのは文章を書くというだけでなく、人生そのものを扱う意味で著述を越えた大きな意味をもっています。文章でなく写真を中心にした自分史だって作れます。

新聞の投書欄に載っていた話です。高校3年生の女子が母親の作ってくれた毎日の弁当をスマホで写真に撮り続け、1年間をまとめて1冊の写真集に仕上げたというのです。卒業前の最後の写真の横には母への感謝の言葉が添えてあり、プレゼントされた母は感動で涙が止まらなかったということです。これは素晴らしいアイデアだと感心しました。何でもない風景を日々残すことで母への感謝を「写真で作る弁当自分史」に作りあげたのです。

小学校では「成長の自分史」もあります。兵庫県姫路市内の小学校ですが、赤ん坊時代から小学2年生までの成長の写真を10枚ほど貼り付け、キャプションとともに、誕生日や名前の由来を記したのです。担任の先生や友達のコメントやメッセージ、子ども自身の感想も添えてあり、ユニークな冊子になっていました。これも「自分史」といえるでしょう。

私の友人は死んでしまった愛犬の供養に子犬時代から撮りためた写真で「写真愛犬史」を作りました。アイデア次第で「自分史」になるというくつかの例です。

過去から脱皮する力

自分史は自分そのものであり、人生そのものであることを考えれば無限の広がりを持っています。自分の人生を「自慢するものなんか何もない」「恥ずかしくて人になんか話せない」と思っている人にこそぜひ自分史の世界に足を踏み入れてほしいと思います。自分の人生が決してつまらない人生でなかったことにきっと気づくでしょう。人生を振り返るということは単なる懐古趣味を満足させるだけでなく、振り返った自分を踏まえ過去から脱皮する力を与えてくれます。

人生には年齢を問わず思わぬ苦難があります。そんな時は生き直すよい機会です。人生が少し変化した時、例えば大病をした、親に死なれた、事故に遭った——そのような「悲しみ」に出会った時、自分史を書く大きなチャンスです。

子どもの頃でいえば、ピアノや絵画など習い事の発表会、かわいがっていた犬や猫が死んでしまった時は思い出深い時です。また、人生の節目ともいうべき大学受験、就職、あるいは結婚などはその後の人生に大きな影響を与えた出来事でしょう。

社会人になる時のことを考えてみましょう。就職の時自分はどのような適性があるだろうか、自分はどんな性格だろうかと、そんなことを考えて就職先を決めるのがベストです。そんな時には自己分析が必要です。自己分析には生い立ちを踏まえた自分史が最もよい手法になります。

また結婚するにあたって、自分とはこういう者である、自分はこんな家庭で育ってきた、というようなことがお互いにわかれば「相互理解」が深まります。写真や動画を使って新郎新婦の足跡を披露する結婚式イベントがありますが、そんな表面を辿るだけでなく、もっと深い人間性が描かれた「自分史」があれば信頼関係は深まっていくでしょう。

自分史を年配の人達に独占させるのはもったいないことです。若い時に書けば自分の未来をより広くより深く築いていけるようになります。受験、就職、結婚など若い時のターニングポイントはいくつもあります。そんな時こそ自分史に挑戦する最大の機会です。そんな振り返りの文化が育ってほしいと思っています。

結びにかえて

「変動する社会や時代とのかかわりの中で、一庶民としてその人が何を考えどのように生きて来たかを書きつづった自叙伝（半生の記）」。新明解国語辞典（三省堂）には自分史の意味をこのように書いてあります。この中でキーワードは「社会とのかかわり」「一庶民」です。歴史の片隅で生きてきた庶民が社会の中で大きな役割を担っているとの宣言のようです。

非正規雇用が4割を占め、いつ生活基盤が不安定になるかもしれない昨今、個人の生き方が問われてきます。地縁、血縁が薄れ、さらに会社という所属する社会が消えていく時代です。若い時から自分の生活、生き方を見通すことが大切になりました。

かつて、たくさんの楽器をバックに歌を歌うのはプロの歌手しかいませんでした。それがカラオケの普及で普通の市民が伴奏付きで歌う時代になりました。今や舞台衣装で着飾ったプロまがいのカラオケ大会も開かれるご時世です。

そんな時代が書籍の世界にもやってきました。作家や学者などごく限られた人と決まっていた本の制作がパソコンや印刷機器の発達で庶民にも開かれたのです。「本」はもう特別な人だけの媒体ではありません。「自分史」という切り口を得て「書く」という行為は「本を作り」「出版する」ところまで大きく門戸が開かれたのです。

自分史は「等身大の自分」を見つけ、「本当の幸せを感じる」道筋のひとつです。そんな貴重な道筋を子や孫だけでなく、社会一般にも残していける素晴らしい世界です。是非この本を通じ自分史の世界に一歩でも二歩でも近づいていただけるよう願っています。

最後になりましたが、この本の制作に当たり、推薦の言葉を寄せていただいた渡辺雅隆・元朝日新聞社社長をはじめ校閲の大谷絢南さん、カバーデザインや組版を担当してくれた有吉将平さんら多くの方のご協力、ご支援を頂きました。また、出版に当たっては一般社団法人　自分史活用推進協議会から推薦図書の認定をしていただき、かもがわ出版の三井隆典さんに多大なご尽力をいただきました。改めてお礼を申し上げます。

《付録》 自分史記憶掘り起こし質問

この質問は自分史を書くにあたって記憶を掘り起こす手引きです。人生は千差万別ですから、この質問ですくい取れないことや、当てはまらないことがあるかと思います。あくまで記憶喚起を促進する装置です。質問に対するストレートな回答ではなく、連想して別の記憶がよみがえればそれも大きな効果です。一部は戸籍や軍歴証明など公文書でわかる内容と重なります。

回答内容は自分史の筋立て作りの参考になります。これを元に構想を練っていけばバランスのよい自分史が出来上がるでしょう。この中で詳しく書きたいテーマをいくつか抜き出し、それを軸に書けば少しずつ出来上がっていきます。

項目が沢山ありますので一気に回答することは大変です。何回かに分けるか、少しずつ回答することをお勧めします。最初にざっと眺め、気になるところだけ回答し、改めて詳しく見るなど自分のやりやすい方法で構いません。根気がいりますが頑張ってください。

■回答の仕方

①書き直しができるように鉛筆書きをお勧めします。
②自分に当てはまらない質問は飛ばして結構です。
③質問は原則年代順ですが、回答しやすいところから始めても大丈夫です。

④何に対しての回答かがわかるようにして、必ず回答のメモを保存してください。自分が気に入った箇所は印をつけておくと後で便利です。

⑤いやな思い出や触れたくないことも備忘録としてできれば回答してください。原稿にするかしないかは最後の段階で結論を出せばよいのです。

⑥最初はあやふやで、思い出せないことも、繰り返して考えていると記憶が目を覚ましてきます。断片的な記憶が膨らんでくることもあります。全部の記入が終わったら、自分史の大まかな概要がつかめると思います。

■基本事項

《住まい歴》

○○年○月~○○年○月東京都新宿区、××年×月~××年×月大阪・豊中市、など年月を追って自分の住んだ場所を思い出してみてください。○歳~○歳という書き方でもOKです。詳しい番地までわからなければ市町村段階まででもかまいません。

《学校歴》

保育園、幼稚園、小、中、高校、大学、大学院など自分の通学した記録を学校の所在地、名前、在学時期などを年代を追ってまとめてください。

《就職歴》

学校歴と同じように就職した会社、場所、時期を年代を追ってまとめてください。

《結婚歴》

再婚された場合、前の結婚時期と後の結婚時期。

■時系列記憶掘り起こし

●誕生の背景

誕生時の様子(親から聞いた話含む)

・母子手帳は残っていますか?

・出生地、生年月日、時刻、血液型、干支、星座

・生まれた場所は? 自宅、産院、病院?

（わかれば病院名）
・安産？　難産？　生まれた時の体重、身長は？（大きめ、小さめ？）何か特徴は？　母乳？　ミルク？　へその緒は保存？
・何人きょうだいの何番目の子？　生まれる時、父親は何をしていた？　どんな風に喜んだ？　あるいはがっかりした？育てるときの苦労は？（ミルクが嫌いとか）
・名前の由来、命名者、愛称（家族からの呼ばれ方、〇〇ちゃんなど）

文化土壌

土地柄（生まれた土地について、育った背景になります）

・地形、気候、歴史、文化、産業、特産物、風土など特筆することは？
・生まれただけの土地ですか、生まれて幼少期を過ごした土地ですか？
・生まれた土地から輩出した有名人は誰かいますか？
・年中行事はどんなものがありましたか？
・土地特有の言葉遣い（方言）は？
・生まれた頃の時代背景（災害、大事件、事故、歴史上の舞台）
・自分が生まれた時の家族は誰がいましたか？　両親、祖父母？　父方、母方の家族は？　それぞれの人を、何と呼んでいましたか？
・自分の幼少期の性格？　特徴？　おとなしい方、それともやんちゃ？

●幼少期

住宅の環境

・物心ついた頃の住まいの状況は？　住所、場所（高台、海辺、山の中？）　家は平屋？　2階建て？　アパート？　広さは？　広かった、狭かった？　リビング、寝室、子ども部屋は？　家の中の思い出の場所は？　概ねの見取り図は？

食生活の状況

・食事は普段、誰とどこで食べた？　好きな食べ物、嫌いな食べ物は？　よく食卓に並んだものは？（鯨肉、卵、野菜など）

・行事の際など、特別な食事はあった？（秋祭り、正月料理など）

・普段食事を作っていたのは誰ですか？

・家族で食べた印象的な料理、親の得意料理は？

服装について

・寝間着はどんなもの？　パジャマ、ネグリジェ、浴衣

・ふだん着とよそ行きの区別はありましたか？

・よそ行きはどんな服装？　ふだん着は？　着物、ズボン、スカートでしたか？

・どんな下着？　着替えはどんな時に？

祖先

・江戸時代など先祖の元々の出身地は？　職業は？（父方、母方）

・家紋は？　その由来は？（父方、母方）

・先祖伝来の土地や家屋、田畑などはありましたか？
・社寺など宗教活動は熱心でしたか？

父親
・父親の名前、生年月日、没年月日、何の仕事？　職業歴
・父の小学校からの学校歴、卒業年、社会人スタート年月日
・自分から見た父親像　印象
・父親の記憶はありますか？　優しい？怖かった？
・思い出の話はありますか？
・結婚時のエピソードは？
・実家はどんな家？　職業は？　貧乏？裕福？

母親
・母親の名前、生年月日、没年月日、主な職業
・母の小学校からの学校歴、卒業年、社会人スタート年月日
・自分から見た母親像　印象
・母親の記憶はありますか？　優しい？怖かった？
・思い出の話、厳しい躾は？　きつく叱られた記憶は？　どんな場面で？
・結婚時のエピソードは？
・実家はどんな家でしたか？　職業は？貧乏？　裕福？
・両親の結婚した年月日
・両親のなれそめ　見合い？　恋愛？　どこで結婚？

兄弟姉妹

・兄弟姉妹は何人？

・兄弟姉妹すべての名前、生年月日、亡くなっていれば没年月日

・兄弟姉妹それぞれの性格、印象は？　思い出の出来事はありますか？

祖父母

・祖父母（父方、母方）はどこに住んでいましたか？　それともすでに死亡？

・親しかった祖父母の名前、生年月日、没年月日、人柄？　印象に残っている出来事はありますか？

親戚

・両親、兄弟姉妹以外に同居した人は？

・自宅によく来ていた親戚はいますか？　その人の続柄、名前、呼び方は？

・親しかったおじ、おばなど親戚の生年月日、没年月日、住まい、人柄

その他親しい人

・父、母の親しかった友人・知人、近所の人など

・両親以外に自分の面倒を見てくれた人はいますか？

・おじ、おばなど親戚でよく訪ねた人、あるいは一緒に遊びに行ったりした親戚はいますか？

家庭生活

・両親が子どもに対してする躾、教育方針

など

・思い出に残っている出来事は？　旅行は？

・日課は？　例えばお母さんの買い物にいつもついていったとか

・家族、兄弟姉妹の仲は？　気が合ったきょうだいは？

・親から聞いた印象に残る言葉、戒め、指針などは？

・両親との一番の思い出は？

・正月のお年玉は？　年中行事など

・ペットを飼った経験は？　世話は誰がしましたか？　死んだときは？

・親から聞いた昔話で印象に残っているのは？

遊び

・家の周囲はどんな環境？　農村？　住宅地？

・普段どんな遊びを、どこで、どんな子としましたか？

・お祭りの時はどこへでかけましたか？　何をしましたか？

・切手集め、カード集めなど夢中になったことは？

・三角ベース、野球などスポーツ的な遊びはしましたか？

・手作りの遊び道具は？　ビー玉遊び、メンコ、ままごと

・好きだった遊びは？　得意な遊びは？

病気・けが

・事故に遭遇したことがありますか？　溺れたり、けがをしたりの経験は？　入院するほどの病気は？

・兄弟姉妹の病気・けがは？

・両親の病気、けがは？

保育園、幼稚園

・何歳の時に、何年通いましたか？　いつごろからいつごろまで？

・送り迎えは誰がしていましたか？

・友達、好きだった子、好きな遊びは？

・卒園式など思い出の場面は？　好きな先生は？

・その他覚えていることはありますか？

●学齢期（卒業アルバムがあれば参照）

小学校時代

・学校名、入学年月日、卒業年月日

・学校の規模（1学年の学級数、生徒数は？）

・同窓生や先輩、後輩での有名人は？

・通学時間は？

・自宅からどれぐらい離れていましたか？　通学方法は？　徒歩通学、電車通学？

・校舎の仕様は？　木造校舎、鉄筋？　現在との違いは？

・入学式、入学時の思い出

・担任の先生、好きだった先生は？

・得意科目、苦手科目は？　学級委員や児童会の経験はありますか？　成績、受賞歴、スポーツや芸能での表彰や記録は？

・小学生時代になりたかった職業は？

・給食はどんなものが出た？　好きなおかずは？　きらいなおかずは？
・掃除当番はありましたか？　まじめにしましたか？
・授業や課外活動でのエピソード
・小学生時代の自分の性格は？
・夢中になったことは？　昆虫採集、切手集めなど
・動物、植物の世話？
・家畜、ペットは飼っていましたか？
・体調は？　体育を見学していたことは？
・病気やけがは？
・学校、授業でのエピソードは何かありますか？
・運動会、学芸会、遠足、その他学校行事で思い出に残ることは？
・運動会、徒競走では1等賞？　それともビリ？　大抵3、4番目？　学芸会で何か役をした思い出は？
・林間学校、臨海学校は何年のときにどこへ？　思い出は？
・修学旅行はどこへ？
・放課後の過ごし方は？　塾、おけいこ事はしていましたか？　始めた、また、やめたきっかけは？
・正月には何をして遊んだ？　百人一首、いろはかるた、トランプ、福笑い？
・家族旅行はどこへ行きましたか？
・両親に注意されたことは？　叱られた思い出、褒められたことは？
・家事のお手伝いは何かしていましたか？
・初めてのテレビの思い出は？　自宅でテ

レビを買ったのはいつごろ？
・お小遣いはいくら？
・卒業時の思い出は？

中学校時代

・学校名、入学年月日、卒業年月日
学校の規模（1学年の学級数、生徒数は？）
・通学方法、距離、時間？　仲のよかった友達は誰ですか？　いつも一緒の友達はいましたか？
・制服、制帽は？
・入学時の思い出　勉強が急に難しく、進度が速くなった？
・担任の先生は？　当時の印象、今から考えてみて思う事は？
・思い出の言葉は？　よかったこと、おかしいと思った事は？
・学校の成績はどうでしたか？　得手不得手は？
・クラブ活動・生徒会役員の経験は？　思い出は？
・体育祭、文化祭でどんなことをしましたか？　思い出は？
・当時夢中になったことは何ですか？（テレビ番組、ラジオ番組）
・文化祭、体育祭、遠足、修学旅行などの行事での思い出は？
・受験勉強はどうしていましたか？　図書館通い、塾、家庭教師？
・どんな進路を考えましたか、将来なりたいものはありましたか？
・当時流行っていた歌、番組、映画、漫画

などは？
・夏休み、冬休み、春休みの過ごし方は？
・思春期の思い出　悩みは？
・卒業時の思い出は？
・家庭生活は？　両親は共働き？
・おけいこ事は何かしていましたか？
・正月には何をして遊びましたか？
・家族旅行はどこへ行きましたか？
・初恋と言える経験は？
・ラブレターを書いた、もらった経験は？

高校時代
・学校名、入学年月日、卒業年月日
・学校の規模は？　1学年の学級数、生徒数は？　校歌は覚えてる？
・どんな学校でしたか？　進学校？　実業学校？　クラス編成の仕方は？
・志望する時の悩み、希望、考え、思いは？
・入学時にしたいと思ったことは？　クラブ活動への期待は？
・志望通り？　そうでなかった？　もし、違う学校に入っていたら？
・通学方法は？　徒歩、自転車、バイク、電車、バスなど
・入学にまつわるエピソードは？
・高校時代の精神状態　明朗？　陰鬱？

授業
・好き嫌い、得手不得手科目は？
・芸術科目は何を選択？
・耐寒訓練・寒げいこなどありましたか？

先生

・各学年の担任の先生、好きだった先生、嫌いだった先生は？　印象深い言葉は？
・当時の先生のあだ名は？
・ユニークな先生、社会的に話題になる先生はいましたか？

クラスメート

・印象に残っているクラスメートは？
・仲のよかった友達はいましたか？
・好きな人はいましたか？
・ラブレターを書いた、もらった経験は？
・片思い？　打ち明けましたか？
・当時の精神状態は？　明朗？　陰鬱？
・当時悩んでいたことや楽しんでいたことは？　今思い返すと？

趣味

・好きな歌手、歌、映画、テレビ、ラジオ番組は？
・おけいこ事は何かしていましたか？

クラブ活動

・クラブ活動は何をしましたか？　よい先輩は？　後輩で親しい子は？
・クラブ活動での成績は？　活躍ぶりは？

大学受験

・3年になって進路の悩み、受験の悩み、社会の動きに何を感じていましたか？
・当時の社会情勢は？
・家庭生活は順調でしたか？
・塾通いしていましたか？

・おけいこ事は続けていましたか？
・反抗期はありましたか？　両親との喧嘩は？

社会的出来事

・オリンピックや万博など大きなイベントの思い出は？
・煙草、飲酒の経験
・大人のまねごとはしましたか？　賭け事などは？

遊び

・正月には何をして遊びましたか？
・家族旅行はどこへ行きましたか？

家族との関係

・家族と軋轢は？
・家族内での意見対立は？

進路

・第一志望に合格できましたか？　なぜその学校を志望しましたか？　抱いた希望は？

●大学、短大、専門学校時代

・学校名、所在地、入学年月日、卒業年月日
・自宅通学でしたか？
・どこに下宿、大家さんとの仲は？　どんな人？
・一人ぐらしの不安は？　どのようにして

下宿探しをしましたか？

・専攻は何を？　勉学して学んだことは？

どれぐらい勉強したか、しなかったか？

・もし、違う学校に入っていたら、専門が

違ったら？

授業・ゼミ

・どんな授業ぶりでしたか？　マスプロ教

育？　学問のふれあいを感じましたか？

・先生との仲はどうでしたか？

・卒論のテーマは？　どんな内容？

青春像

・仲のよい友達はいましたか？　今も友人

関係？　当時どんなことをして遊んでい

ましたか？

・ラブレターを書いた、もらった経験は？

・当時の心境は？　明朗？　陰鬱？

サークル活動

・サークル、クラブ活動は何をしましたか？

活動の概要、役職は？

・合宿の思い出は？

学生運動

・学生運動に関心がありましたか？

・活動やカンパはしましたか？

・学生運動にはどんなスタンスでしたか？

大人への階段

・感動した本、映画などはありますか？

・感銘を受けた人、尊敬できる人との出会

いは？

・アルバイト経験は？

・旅行について　卒業旅行をしましたか？

留学経験は？

就職活動

・進路の悩みはありましたか？　当時の夢は？

・自分の適性はどのように判断しましたか？

・就職活動はどんなことをしましたか？

・当時の就職状況、社会状況は？

●社会人になって

就職

・就職した会社について　自営業？　起業？　自由業？　選択肢の中でその道を選んだ理由、考えたことは？

・当時の社会情勢と自分の仕事の絡みはありましたか？　仕事の内容は？　入社前のイメージと同じでしたか？　初任給はいくら？　使い道は？

・住まいは？　寮、自宅通いなど　通勤の仕方は？

・勤務時間について　残業はありましたか？　夜勤はあった？　夜勤でのエピソードは？

・初任地は？　赴任先を一覧にすると？

・生活リズムに変化はありましたか？　新人のころの困りごとは？　助けてくれた人はいましたか？

・同期の人との関係、確執は？　出世競争（今から考えると？）

・失敗談、成功談は？
・赴任地での思い出、気に入った場所は？
・最初の給料やボーナスの思い出は？　誰かに何かプレゼントしましたか？
・上司、部下との付き合い方は？　嫌な先輩、上司？　よい先輩？　よい上司？
・大きな仕事、プロジェクトなど、やりがいのあった仕事は？
・仕事での失敗は？（今なら笑えますか？）

事業

・事業はいつから？
・事業を始めた動機
・準備はいつごろからどのようにしましたか？
・開業資金はどのように貯めましたか？
・支援者、協力者は？

独身生活

・好きなことは？　買い物、おしゃれ、食べ物での思い出は？
・音楽、美術、工芸等々試してみたことは？
・思い出深い映画、本などは？
・病気、怪我の経験は？
・事故、事件に遭ったことは？
・借金、ローンなどで苦労は？
・文通の経験は？
・パソコンとの出会いは？

●結婚

・結婚年月日
・結婚のきっかけは？　恋愛、お見合い、

誰かの紹介、略奪婚、駆け落ち？

・結婚を決意した動機、経緯

・結婚前に付き合っていた人はいましたか？

・結婚相手は第一希望？　それとも？　周りの反応は？

・結婚への道のりは平たんでしたか？

・出会ったときの第一印象は？

・自分の伴侶の旧姓、生年月日、亡くなっていたら没年月日

・結婚相手が結婚前に住んでいた場所は？

・交際のきっかけは？　出逢いはいつどこで？　第一印象は？

・プロポーズの有無は？　どんな言葉で？　儀式の有無（婚約、結納、指輪）

・結婚式はどこで、参列者は？　どんな様子？　披露宴？　どんな人が何人ぐらいきた？　司会は誰に頼んだ？

・新婚旅行はどこへ？　思い出は？

新生活

・新居はどこに？　仕事との関係はうまくいった、いかない？　当時の生活状況は？

・新婚当時の毎月の生活費はいくら？

・マイホーム計画は？　広さ、一戸建てかマンションかなど

・夫婦で考え方の違いは？　ローンはどうしましたか？　返済は？

・結婚して生活の変化はありましたか？　独身時代より楽しくなった、それとも？

・親戚付き合いで悩みは？　舅、姑とは同居？　別居？　仲はうまくいった？

・結婚後、離婚の危機に陥ったことは？

どんな時、何が原因で？
・結婚してよかったか、よくなかったか？
100点満点で何点、どこがよく、どこがよくない？

生活と仕事

・結婚と仕事の両立で苦労や工夫したことは？
・仕事上でのトラブル、困りごとは？　その解決方法は？
・逆境の時、どのようにして切り抜けましたか？
・生活費は足りましたか？
・他人や社会の動きと自分の生活の変化の有無、好不況との関係、リストラなどはありましたか？

・好きな家事、苦手な家事はありますか？
・得意な料理は？
・家事での失敗談は？
・大人になって始めた趣味、資格、勉強は？
・大人になって出会った印象深い人は？
・近所付き合いは？
・家族の病気や事故はありましたか？
・家族旅行の思い出はありますか？
・正月やお盆に必ずしたことはありますか？

子ども・家族

・子どもすべての名前と生年月日、小学校入学、卒業年月日、中学校入学、卒業年月日
・初めて子どもができたのがわかったのはいつ？　子どもを授かった時の気持ち

・出産時のエピソード
・親になったときの気持ち、感想は？
・誰が名付けましたか？　その思いは？
・子どもの教育方針、しつけ方針？
・家族の楽しみ？　子育ての苦しみ？
・子どもの独立　いつ、どこで、どのようにして独立しましたか？　大学入学？就職？
・子どもの結婚についての思い出　相手の仕事、人柄などは？

●退職・子離れ・引退

・退職年月日
・仕事を通じて考えたこと
・生きてきて今、社会や生活、人生について考えること
・現在の趣味は？
・健康法は？
・大切な所蔵品は？
・終活は進んでいますか？

老後

・老後どんな生活をしたいですか？
・老後の生き方について
・趣味、日課は？　持病はありますか？
・好きな食べ物は変わりましたか？
・自分の人生の総括は？

■テーマ別記憶掘り起こし
（再度の記憶喚起）

戦争体験

・戦争の思い出は？
・昭和16年12月8日は真珠湾攻撃の日。その時の記憶は？
・終戦時は何歳？　どこで迎えた？　そのころの家族は？
・空襲体験は？
・家族、親族の戦争体験は？
・徴兵検査は？
・学徒動員、勤労奉仕の経験は？
・軍事訓練の思い出は？

引っ越し

・子ども時代、学生時代、結婚後、何回ぐらい引っ越ししましたか？
・その中で思い出すエピソードは？

転校

・自身の転校経験は？　家族の転校経験は？

社会活動

・社会活動、ボランティアの経験は？
・町内会の役員は？

健康・死別

・自身の病気、けがの経験は？
・家族の病気、けがの出来事は？
・父親との別れはどんな場面でしたか？
・母親との別れはどんな場面でしたか？
・死別した時の親への思いは？　よい親、

それとも悪い親でしたか？

・借金は？　保証人になったことは？

希望と楽しみ

・マイホーム、マイカー、カメラなど贅沢品への憧れと手に入れた時の感慨、今の思いは？

・スポーツでの思い出は？

・歌、楽器、ダンスなど文化活動での思い出は？

■思い出しキーワード
（抜けている大事な記憶を喚起します）

▼行事

花火　運動会　学芸会　学園祭　誕生会　夏休み　冬休み　七五三　ひな祭り　端午の節句　修学旅行　七夕　遠足　ピクニック　ハイキング　町内会　写生　音楽会　受験　入学式　卒業式　お祭り　観劇　お墓参り

▼場所

通学路　デパートの屋上　店　駄菓子屋　映画館　寄席　遊園地　図書館　銭湯　美術館　喫茶店　プール　美容院　散髪屋　旅館　動物園　植物園　水族館　貸本屋　町工場

▼物

赤電話　路面電車　テレビ　電気こたつ　ちゃぶ台　竹馬　楽器　ピアノ　レコード　囲碁　将棋　ゲーム　おはじき　お手玉　勉強机　制服　絵本　切手　メンコ　ぬいぐるみ　筆箱　蓄音機　自転車　新聞紙　化粧品　本　漫画

▼風景

夜景　野原　山間　駅　バス停　歩行者　天国

▼事柄

チャンバラ　お年玉　クリスマスの贈り物　飯盒炊爨《すいさん》　のど自慢　盆踊り　海水浴　文通　星占い　たき火　鬼ごっこ　草野球　山登り　宿題　あやとり　ままごと　おかし作り　給食

主な参考資料

・相続実務に役立つ戸籍の読み方・調べ方（ビジネス教育出版社）
・わかりやすい戸籍の見方・読み方・とり方（日本法令）
・戸籍のことならこの１冊（自由国民社）
・ファミリーヒストリー　家族史の調べ方・まとめ方（ＷＡＶＥ出版）
・近代日本総合年表（岩波書店）
・増補完全版昭和・平成現代史年表（小学館）
・週刊東洋経済２０２１年11月20日号（東洋経済新報社）
・井上ひさしと１４１人の仲間たちの作文教室（新潮文庫）
・妻が願った最期の「七日間」（サンマーク出版）
・ある昭和史　自分史の試み（中公文庫）
・自分史　その理念と試み（講談社学術文庫）

・朝日新聞2021年9月8日付朝刊
・だれもが書ける文章「自分史」のすすめ（講談社現代新書）
・〝元祖〟が語る自分史のすべて（河出書房）
・本の知識（日本エディタースクール出版部）
・最高の未来に変える 振り返りノート習慣（かんき出版）
・編集者の仕事 本の魂は細部に宿る（新潮新書）
・自分史のすすめ 未来を生きるための文章術（平凡社新書）
・読ませる自分史の書き方（幻冬舎新書）
・神戸新聞2024年3月1日付夕刊
・新明解国語辞典（三省堂）

ブックカバーと章扉の写真はいずれも著者が撮影しました。

～自分史に関するご相談は下記へ～

• 一般社団法人　自分史活用推進協議会

本部・事務局

〒 104-0045

東京都中央区築地 2-12-2-702

電話　03-5550-6288

自分史活用推進協議会サイト

https://jibun-shi.org

• 著者　奥井健二

〒 673-0866

兵庫県明石市朝霧町 3 丁目 1-79

E メール　okui51751@gaia.eonet.ne.jp

奥井健二（おくい・けんじ）
1948（昭和23）年京都市生まれ。元朝日新聞地域面副編集長・次長。定年後、８年間「朝日自分史」大阪事務局スタッフを務める。現在はフリーの自分史プロデューサーであり、一般社団法人　自分史活用推進協議会認定の自分史活用アドバイザー。

ゼロから始める自分史レシピ
——新しい気づきへの旅

2025年３月３日　第１刷発行

著　者　© 奥井健二
装　丁　有吉将平
発行者　田村太郎
発行所　株式会社かもがわ出版
〒602-8119　京都市上京区堀川出水西入
TEL075-432-2868　FAX075-432-2869
ホームページ https://www.kamogawa.co.jp
印　刷　シナノ書籍印刷株式会社
ISBN 978-4-7803-1365-9　C0095